铸就理想丰碑——王承书

鄢 斌 主编

中国原子能出版社

图书在版编目（CIP）数据

铸就理想丰碑——王承书 / 鄢斌主编 . -- 北京 : 中国原子能出版社 , 2025. 1. -- ISBN 978-7-5221-3711-7

Ⅰ . K826.16

中国国家版本馆 CIP 数据核字第 2024YJ1087 号

铸就理想丰碑——王承书

出版发行　中国原子能出版社（北京市海淀区阜成路 43 号 100048）
丛书策划　谭　俊
责任编辑　张　琳　陈　喆
责任校对　刘　铭
责任印制　赵　明
印　　刷　北京中科印刷有限公司
经　　销　全国新华书店
开　　本　787 mm × 1092 mm　1/16
印　　张　11.25
字　　数　131 千字
版　　次　2025 年 1 月第 1 版　　2025 年 1 月第 1 次印刷
书　　号　ISBN 978-7-5221-3711-7
定　　价　58.00 元

发行电话：010-68452845　

编委会

编辑部

前　言

2024年是我国第一颗原子弹爆炸成功60周年，也是核工业理化工程研究院成立60周年，在中国原子能出版社的支持和倡议下，我们组织撰写了《铸就理想丰碑——王承书》一书。本书旨在通过讲述王承书院士一生中最具科学精神的动人故事，向社会各界特别是广大青年，传递这位伟大女性科学家的精神风貌。

王承书是我国铀同位素分离理论奠基人，著名的核物理学家、工程物理学家、中国科学院院士、优秀共产党员，曾任核工业理化工程研究院前身华北六〇五研究所研究员、副所长，第二机械工业部第三研究院研究员、革命委员会副主任，大型气体扩散机总设计师等职务，被毛泽东主席称赞为“中国第一颗原子弹爆炸的女功臣”。

新中国成立初期，为打破西方大国的核讹诈和核垄断，王承书等无数科学家放弃国外优越的生活条件，冲破重重阻挠，义无反顾地回到当时条件非常艰苦的国内，积极投身祖国核事业建设。为了核事业发展，她用三次“我愿意”，忠诚践行自己承诺；她隐姓埋名、无私奉献，创造了惊世伟业；她甘为人梯、奖掖后学，培养出我国第一批铀同位素分离理论研究骨干；她敢为人先、勇攀高峰，一生践行“无论任何条件下，坚决完成党交给我的任何任务，在必要时不惜牺牲自己的生命”铮铮誓言；她以深沉的家国情怀书写了“永恒的人生”，形成了“许党报国、厚德至诚、温蕴谦恭、精微致远”的“承书风范”。“承书风范”凝结着她对党忠诚、为国担当的坚定信念，蕴涵着她德术双馨、行为世范的崇高品质，具有超越时空、历久弥新的永恒价值。这是王承书院士留给我们的宝贵精神财富，永远值得核理化人传承和弘扬，时刻激励着核理化人勇担国任、勇立潮头、勇毅前行。

核理化院是我国从事同位素分离技术和装备研制的重点科研机构，是中国同位素研发事业的摇篮。60 年来，以王承书院士为代表的一代又一代核理化人，秉持“严谨求真、严细求实、严正求新”科研理念，攻克一道道技术难关，突破一项项关键技术，成功研制了我国具有自主知识产权的先进专用装备，填补了多项国内技术空白，达到了国际先进水平，解决了长期制约我国铀浓缩技术“卡脖子”问题，为筑牢国家安全基石和推进核能发展做出了突出贡献。

王承书院士以满腔热血投身于国家的科技事业，她的一生是对“为国分忧、为国解难、为国尽责”的最好诠释。在为我国核事业奋斗的光辉一生中，她所建立的卓著功勋，形成的“承书风范”，已深深铭刻在我们后来人的心中，也不断激励着一代又一代的年轻人。王承书先生的精神，永远值得我们传承、学习和发扬光大。

核工业理化工程研究院党委书记

2024 年 9 月

目　录

第三章　求实篇

第四章　奉献篇

第五章　协同篇

第一章 爱国篇

爱国情怀是科学家精神的根基与灵魂。科学无国界，但科学家有自己的祖国。这份深沉的爱国之情，始终是中国科学家精神之内核所在。在中华民族救亡图存、伟大复兴的历史征途上，他们继承了传统知识分子的家国情怀，坚守着以科学救国、报国、兴国、强国为己任的初心理想，铸就了一种与西方科学家迥然不同的精神风范，造就了独具魅力的中国科学家精神。

1936 年 10 月，王承书在抗日宣言上的签名，彰显了一名爱国青年的坚定意志。在海外学成归国之后，她为了祖国的核事业发展三次改行，以满腔的热血和坚定的信念“为国分忧、为国解难、为国尽责”，在铀浓缩这一关键领域取得了令人瞩目的成就。在回顾自己走过的光辉历程时，她动情地说：“我的选择没有错，我的事业在祖国。”王承书，她以自己的实际行动，诠释着何为优秀的中国共产党党员，何为以身许国的典范。

1.1 谁说女子不如男

王承书，这是一个诗书之家赋予的名字。在家里的四个女儿中，她排行第二；承诗、承书、承礼、承易，四个分别来自“诗书礼易”的名字，承载着这个殷实而传统的家庭对女儿们的寄望。父母自小就用封建时代大家闺秀、贤妻良母的标准要求着她们，哪怕小女孩想在门上靠一下，都决不允许；稍有越轨之举，便会加以呵斥甚至动用家法。尤其对于王承书，在她出生前两个哥哥先后夭折的伤痛，更让母亲将许多哀怨和斥责倾倒在她身上。

然而，20 世纪初期的中国，男女平等、妇女解放的浪潮激荡着古老的封建社会，给一个个旧家庭中的女性展现了广阔的天地。幼小的王承书和姐妹们不断吵着要出去上学，终于在四岁半的时候，和姐姐一起走进了培元小学的大门，开启了追求知识与真理的人生历程。

对于童年，晚年的王承书写道：“我童年时的家庭应该是简单的，而实际上很复杂，这使我痛恨封建社会。”

进入学校后的王承书迅速崭露出过人的天赋才思和无比的勤奋执着，即便因为身体孱弱，在 12 岁时被迫中断了六年级学业，但王承书依然和同班同学一起参加了考试，并且以优异的成绩考上了贝满女中。

1930 年，王承书从贝满女中毕业，被保送到燕京大学。此时的她面临着人生的一次重要选择，未来将在什么专业发展？按照当时社会的惯例，女子往往选择国文等被认为更适合女性社会角色的专业。而王承书在数理上的天赋，以及她内心强烈的民族使命感，让她有着更为远大的志向。

“我的学生时代，正值我国外受帝国主义的压迫，内受军阀与反动政府的统治时期，由于对当时状况的不满，养成了很浓厚的民族主义思想与正义感。”王承书这样回忆道。

也许是追随姐姐的脚步，也许是受到两次摘得诺贝尔奖的居里夫人的女性榜样的感染，也许是对彼时的中国向着现代科学进发的追求……王承书选择了物理学，成为了 1930 年燕京大学物理系招收的 13 名学生中、也是上下两个年级里，唯一的女生。

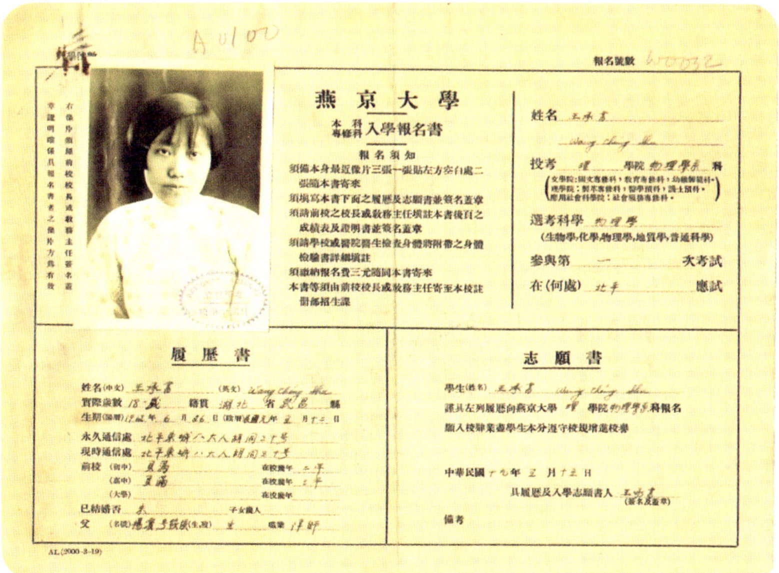
A U100

報名號數 600032

右像片須經前校校長或教務主任簽名蓋章證明確係具報名書者之像片方為有效

燕京大學

本科/專修科 入學報名書

報名須知

須備本身最近像片三張一張貼左方空白處二張隨本書寄來

須填寫本書下面之履歷及志願書並簽名蓋章

須請前校之校長或教務主任填註本書後頁之成績表及證明書並簽名蓋章

須請學校或醫院醫生檢查身體將附帶之身體檢驗書詳細填註

須繳納報名費三元隨同本書寄來

本書等須由前校校長或教務主任寄至本校註冊部招生課

姓名 王承書

Wang Cheng Shu

投考 理 學院 物理學系 科

（文學院：國文專修科，教育專修科，幼稚師範科。理學院：製革專修科，醫學預科，護士預科。應用社會科學院：社會服務專修科。）

選考科學 物理學

（生物學，化學，物理學，地質學，普通科學）

參與第 一 次考試

在（何處） 北平 應試

履歷書

姓名（中文） 王承書 （英文） Wang Cheng Shu

實際歲數 18 歲 籍貫 湖北 省 武昌 縣

生期（陽曆） 年 6 月 26 日（陰曆） 月 日

永久通信處 北平東城八大人胡同

現時通信處 北平東城八大人胡同

前校（初中） 貝滿 在校幾年 三年

（高中） 貝滿 在校幾年 三年

（大學） 在校幾年

已結婚否 未 子女幾人

父 （名號） （生歿） 生 職業 律師

志願書

學生（姓名） 王承書 Wang Cheng Shu

謹具左列履歷向燕京大學 理 學院 物理學系 科報名

願入校肄業盡學生本分遵守校規增進校譽

中華民國 十九年 五 月 日

具履歷及入學志願書人 王承書（簽名及蓋章）

備考

AL.(2000-3-19)

王承书在燕京大学的学籍卡

四年后，王承书以名列第一的成绩毕业，并获得了“斐托斐”金钥匙奖；而当年全班总共毕业了 4 人。王承书很快又用两年时间攻读了研究生。她用大学时代的成绩证明了，男人可以做到的一切，女子同样能够做到。

1939 年，王承书相恋多年的未婚夫张文裕从英国学成归国，在西南联大担任教授。二人在昆明举办婚礼。

因为时局动荡，婚后，王承书只能成为家庭主妇，她的内心并不能接受这种“当太太”、被丈夫养活的生活。

但当时的人们，哪怕是接受过高等教育的知识分子却并不能理解她内心的痛苦。一位男教授说：“张文裕又不是没钱，王承书还干什么事！”半个世纪后，当王承书对前来采访自己的报告文学撰写者高玉兰讲起这句话时，仍是激奋之情溢于言表。当她听到高玉兰说自己也许会牺牲事业确保爱人的发展，她便摇头劝告：“我不喜欢女孩子不争气，有困难可以克服，但退缩，我很生气。”

王承书年轻时的照片

王承书一生便是如此，在困难面前从未退缩过。

并且，夫妻二人是志同道合的。张文裕理解妻子，他建议王承书出国学习一段，“回来后可以实现你的梦。”这对学术伉俪约定：谁有机会，谁先出国。

很快，王承书收到了恩师原燕京大学物理系主任谢玉铭教授寄来的信件，在迷途中看到了机会。谢教授告诉王承书：美国有一对曾在东南亚做过传教士的老夫妇，在密歇根大学设立了巴尔博奖学金，专为有志的东方女子留学之用；因为他们曾目睹并切身感到了东方妇女所受的重重压迫，希望她们能受到现代教育。谢教授希望王承书申请该项奖学金，并表示愿意做她的推荐人。

然而，这项奖学金也有它的偏见：不给已婚妇女。

有人给王承书出主意，“你别说你已婚不就成了，反正这也无关大局。”

倔强而执拗的王承书却并没有选择这个善意的谎言。她在给奖学金委员的信中坦诚了自己的已婚身份，并且坚定地相信只要获得奖学金，就一定能做出成绩来。

也许是她的坦诚和执着感动了奖学金委员会的教授们，也许是她的才华和勇气本就无懈可击，1941 年 3 月，王承书收到了密歇根大学的录取通知书，获取了巴尔博奖学金。

巴尔博奖学金获得者合影（后排左 1 王承书）

5个月后，29岁的王承书离开新婚不久的爱人，独自一人登上了赴美的客轮，从此开启了向着科学研究进发，不断进取、勇攀高峰的一生。一个女子面对浩如烟海的科学事业和一个动荡不安的时代，是何其渺小；正如王承书清癯的身影之于浩瀚无边的大海。但是她从未曾退缩，她用自己的信心、毅力与奋斗一次次向事业发起冲击，一次次和命运搏斗。曾经那个封建家庭里孱弱的小女孩儿正勇敢地踏上自己的人生之路，未来她还将无数次作为唯一的女性，和许多男性科学家和奋斗者们并肩战斗。王承书将用自己的一生雄辩地证明，“男女是平等的。男同胞能做到的事，女同胞一样能做到。”

1.2 在抗日宣言上签名

自王承书于1930年考入燕京大学物理系，到1934年毕业继续攻读研究生、并于1936年留校任教期间，正值日本侵略者步步紧逼，国家面临空前的存亡危机。“九一八”事变后，抗日救国成为社会的主流，但南京国民政府却坚持不抵抗政策，尤其是《何梅协定》签订之后，国民党的军事力量基本撤出华北地区，而日本侵略者也变本加厉，妄图策划华北五省自治。

在这样的动荡时代背景下，王承书不仅在学业上追求卓越，更在思想上深受爱国情怀的熏陶。她不仅在课余先后学习无线电收发、大地测量与护理技术，准备投入到抗日战争中，并且积极参与抗日救国的活动,展现出了一名知识分子的责任感和使命感。

1935年12月9日，著名的“一二·九”运动爆发了，数千名北平学子勇敢地走上街头，高呼打倒帝国主义的口号，反对华北五省自治的提议。燕京大学的学子们也不例外，他们分出六个大队上街游行，许多著名人物都在其中。著名核物理学家卢鹤绂当时正在燕京大学求学，他担任纠察队员，护送游行队伍，声援古北口前线；著名社会学家和民主人士雷洁琼等老师们赶去给游行学生送饭送水。此时的王承书，即将完成她的研究生学业，正向着科学之路奋进。然而，对国家和民族的侵略威胁正在步步逼近，任何一个有着爱国之心的中国人都不能置身事外，她也毅然加入了游行的队伍。

1936 年 8 月，王承书研究生毕业，留校成为助教。这一年的 10 月 13 日，燕京大学顾颉刚、北平研究院徐炳昶等著名教授及文化界人士发起了《抗日宣言》的签名运动。当时在北京的诸多具有影响力的著名教授和学者纷纷参与签名，包括钱玄同、陶希圣、冯友兰、沈从文、朱自清、叶公超、梁思成、林徽音、饶毓泰、金岳霖、杨武之、雷洁琼、杨秀峰、谢玉铭等等。这些签名者中，不乏与中国科学事业大有渊源的人物：钱玄同是“原子弹之父”钱三强的父亲，杨武之是诺贝尔奖获得者杨振宁的父亲，谢玉铭是著名物理学家谢希德的父亲。其中也有许多人，后来为新中国的早期建设贡献了力量：顾颉刚于 1959 年当选为第三届全国政协委员；雷洁琼当选为第六届全国政协副主席，第七届、八届全国人大常委会副委员长；杨秀峰于 1965 年任最高人民法院院长、党组书记。在当时在《抗日宣言》上签名的 104 人中[1]，王承书是其中的第 101 位。

老一辈知识分子的爱国义举充分体现出奋力抗争、不屈不挠的民族精神。他们的命运，也始终与国家的存亡兴衰息息相关。1937 年，也就是王承书研究生毕业的第二年，卢沟桥事变爆发了。战争、动乱，打碎了许多中国人的平静生活，也包括王承书。她和家人一起，随着人流逃难，从北京到南京，从南京到扬州，又

1 王振乾．文史资料选编第 12 辑．北京：北京出版社，1982:10.

辗转于武昌、桂林、贵阳等地，饱尝了战火硝烟中的颠沛流离，也更加坚定了一颗科学强国之心。

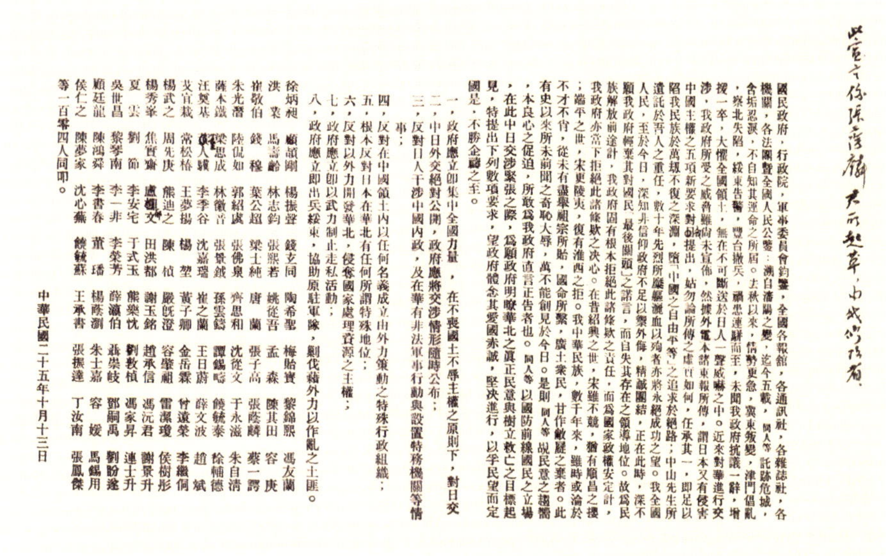

國民政府，行政院，軍事委員會鈞鑒，全國各報館，各通訊社，各雜誌社，各機關，各法團暨全國人民公鑒：溯自瀋陽之變，迄今五載，同人等託跡危城，含垢忍淚，不自知其運命之所屆。去秋以來，情勢更急，冀東叛變，津門倡亂，察北失陷，綏東告警，豐台撤兵，禍患連翩而至，未聞我政府抗議一辭，增援一卒，大懼全國領土，無在不可斷送於日人一聲威嚇之中。近來對華進行交涉，我政府所受之威脅雖尚未宣佈，然據外電本諸東報所傳，謂日本又有侵害中國主權之五項新要求對我提出，姑勿論所傳之虛實如何，任承其一，即足以陷我民族於萬劫不復之深淵，墮「中國之自由平等」之追求於絕路；中山先生所遺託於吾人之重任，數十年先烈所糜軀灑血以殉者亦將永絕成功之望。我全國人民，至於今日，深知非信仰政府不足以禦外侮，精誠團結，正在此時，深不願我政府輕棄其對國民「最後關頭」之諾言，而自失其存在之領導地位。故為民族解放前途計，我政府固有根本拒絕此諸條款之責任，而為國家政權安定計，我政府亦當下拒絕此諸條款之決心。在昔紹興之世，宋雖不競，猶有順昌之捷；端平之世，宋更陵夷，復有淮西之拒。我中華民族，數千年來，雖時或淪於不才不肖，從未有盡舉祖宗所貽，國命所繫，廣土眾民，甘作敝屣之棄者。此有史以來所未前聞之奇恥大辱，萬不能創見於今日。是則同人等覘民意之趨嚮，本良心之促迫，所敢為我政府直言正告者也。同人等以國防前線國民之立場，在此中日交涉緊張之際，為願政府明瞭華北之真正民意與樹立救亡之目標起見，特提出下列數項要求，望政府體念其愛國赤誠，堅決進行，以孚民望而定國是，不勝企禱之至。

一，政府應立即集中全國力量，在不喪國土不辱主權之原則下，對日交

二，中日外交絕對公開，政府應將交涉情形隨時公布；

三，反對日人干涉中國內政，及在華有非法軍事行動與設置特務機關等情事；

四，反對在中國領土內以任何名義成立由外力策動之特殊行政組織；

五，根本反對日本在華北有任何所謂特殊地位；

六，反對以外力開發華北，侵奪國家處理資源之主權；

七，政府應立即以武力制止走私活動；

八，政府應立即出兵綏東，協助原駐軍隊，剿伐藉外力以作亂之土匪。

徐炳昶	顧頡剛	楊振聲	錢玄同	陶希聖	梅貽寶	黎錦熙	馮友蘭
洪 業	馬壽齡	林志鈞	張熙若	姚從吾	孟 森	陳其田	容 庚
崔敬伯	錢 穆	葉公超	梁士純	唐 蘭	張子高	張蔭麟	蔡一諤
朱光潛	陸侃如	郭紹虞	張佛泉	齊思和	沈從文	于永滋	朱自清
薩本鐵	梁思成	林徽音	張景鉞	孫雲鑄	譚錫疇	饒毓泰	徐輔德
汪奠基	[illegible]人驥	李季谷	沈嘉瑞	崔之蘭	王日蔚	薛文波	趙 斌
戈宜栽	常松楢	王夢揚	楊 堃	黃子卿	金岳霖	曾遠榮	李繼侗
楊武之	周先庚	熊迪之	陳 楨	嚴既澄	容肇祖	雷潔瓊	侯樹彤
楊秀峯	焦實齋	盧郁文	田洪都	謝玉銘	趙承信	馮沅君	謝景升
夏 雲	劉 節	李安宅	于式玉	熊樂忱	劉敦楨	馮家昇	連士升
吳世昌	黎學南	李一非	李榮芳	薛瀛伯	聶崇岐	鄧嗣禹	劉盼遂
顧廷龍	陳鴻舜	李書春	董 璠	楊蔭瀏	朱士嘉	容 媛	馬鍚用
侯仁之	陳夢家	沈心蕪	饒毓蘇	王承書	張振達	丁汝南	張鳳傑

等一百零四人同叩。

中華民國二十五年十月十三日

抗日宣言及签名者的图片

所以，王承书在《中国科学院院士自述》中说："我的学生时代，正值中国外受帝国主义的压迫，内受军阀与反动政府的统治时期，由于对当时状况的不满，养成了很浓厚的民族主义思想和正义感。"

1.3 “我回家了”

王承书于1941年8月赴美攻读博士学位，自此在美国度过了15年，从事理论物理领域的学习和工作。在美国这样一个发达资本主义国家的生活无疑是舒适的，家里有宽敞的洋房、两辆小汽车，以及电视机、电冰箱等。王承书和丈夫张文裕也各自在热爱的科学领域中不断耕耘，颇有建树，拿到了世界著名大学的教授职位。

但他们总被一种感觉困扰着——美国毕竟不是自己的祖国，对工作再有兴趣，终究觉得没有发挥更大的意义。他们从未忘记回国的信念，每当有朋友劝夫妇二人加入美国籍，他们始终坚定地说：“要入美国籍，何须到今天！我们生为中国人，回国的信念是不会变的。”随着1949年10月1日新中国成立的消息传遍海内外，王承书通过一封封家信感受到祖国的变化，更是强烈激起了报效祖国的赤子之心：“虽然中国穷，进行科研的条件差，但我不能等别人把条件创造好，我要亲自参加到创造条件的行列中。我的事业在中国”。

第一次回国的机会是在1949年11月初。叶企孙、吴有训两位老师从国内发来电报，请在美国任教的张文裕、王承书夫妇前往民主德国参加庆祝德国科学院成立 250 周年的活动，会后一同回国。此事因王承书临近分娩而没有成行。这次机会虽然错过了，但张文裕和王承书的爱情结晶于次年 1 月于密歇根州安娜堡市顺利降生。夫妻俩给儿子起名为张哲，希望他长大后能懂事、明理。38 岁的王承书终于迎来了自己的孩子，同时也并未中断科研生涯。她经常用小车把儿子推到外头晒太阳，自己就开始了工作。小张哲渐渐大些了，王承书就开始让孩子坐在自己身边读书，她更加希望孩子早日回到祖国，了解自己国家的传统。

想要尽快回归，把自己所学知识奉献给新中国的海外游子何止张文裕和王承书。为了让懂科学、有技术的建设人才回到祖国，他们和志同道合者一起，决定把旅美中国学者组织起来，领衔 100 多名中国科学家，在纽约成立了“在美科学工作者协会”。作为组织者的张文裕科研成果突出，且为人宽厚、敢于担当，被大家一致推举为协会执行主席（也称执行秘书）。协会会员很快增长到了 4 万余名。

然而，以杜鲁门为代表的美国当局对“在美科学工作者协会”进行了“调查”，于 1950 年 9 月将其列为非法团体，留美科协被迫宣告解散。

这一年 10 月，中国人民志愿军正式入朝参加抗美援朝战争。消息传来，王承书心里很是不安。一方面，她十分担心从战火硝烟中初生的新中国与美国这样的世界强国直接作战；另一方面，作为身在美国的华人，她更加迫切地想要回到祖国。她不得不考虑到最坏的后果，并且下定决心，“必要时宁愿前往集中营也不能做不利于祖国的事情”。

1951 年的北美大地寒流滚滚。美军在朝鲜战场的节节败退，令美国政府恼羞成怒。杜鲁门集团悍然宣布：凡在美国攻读理工科的中国学者一律不许返回中国大陆，否则将受到判刑 5 年、罚款 5000 美元的严厉处罚。恶劣的政治气候下，张文裕、王承书夫妇的回国要求遭到了美国政府的一次次拒绝，张文裕的人身自由更是受到限制，美国政府要求他每个季度报告一次近几个月的行踪，并且还要有别人的证明。

10 月 9 日，美国司法部移民局开始明确禁止中国留学生离境[1]。在美留学的成百上千名留学生从四面八方涌上街头强烈抗议。他们高举标语牌，上面写着：

“我们要回家！”

“反对美军侵略朝鲜！”

“青春结伴好还乡！”

张文裕、王承书夫妇也毫不犹豫加入到游行的行列中。为了早日回归祖国，他们决定利用英国作为跳板，于是给英国哈威尔原子能研究所的考克饶夫教授写了一封信，在牛津大学谋到了职位。但华盛顿移民局断然拒绝了他们前往英国的要求，回国的希望再一次化为泡影。

1954 年春季，事情终于有了转机。4 月，周恩来总理亲自率领代表团出席日内瓦会议，义正词严地质问美国国务卿杜勒斯：“为什么公然违反国际惯例，扣留在美的中国科学家不让回国？”经过周恩来总理在日内瓦会议上的努力，中美两国就中国科学家

1 高玉兰 . 核科学家的足迹 [M]. 北京：原子能出版社，1993:27-49.

回国问题达成了协议。

王承书和张文裕在美国

具体的通知很快贴到了美国街头的邮局门口，迅速吸引了王承书等在美科学家前往驻足阅读。其中清楚地写道：凡是愿意归国的中国人都可以回去，如有任何困难，可以找印度驻美国大使馆协助解决。王承书当天读完通知，马上回家和张文裕商量，当晚就写好了回国申请。

夫妻俩明白，即便如此，回国之路恐怕仍不那么容易，但要开始做好准备了。每当夜深人静，儿子已进入梦乡，王承书就开始整理书籍资料。她细心地将书刊登记后，按投递标准 6 磅一包地打成小包裹。到了白天，她分别从几个邮局，将书刊寄到北京的母亲家。她用了一年的时间，将总计近两千磅的 300 多个邮包从美国寄到了北京，都是极其宝贵的资料。

一年过去了，回国申请却如石沉大海，杳无音信；而对张文裕的控制却日见严密了。他们就这样在监视中、在无望中等待着。

终于有了回信。然而当王承书迫不及待地打开后，其中的内容却令她气愤得浑身颤抖。信中说：你们两人可以回中国去，但你们的儿子出生在美国，我们不能给一个美国公民发去赤色中国的通行证。王承书夫妇怒不可遏，他们找到印度使馆，郑重申明：儿子的护照不要了，一定要把孩子带回中国去。

在印度使馆的帮助下，王承书夫妇终于得到了回国的允许。事出紧急，夫妻俩为了免除麻烦，不敢对太多人讲起，只有少数几个朋友知道。他们抓紧时间收拾了10多个箱子托运到旧金山，其余包括电视机、电冰箱和两部小汽车在内的财务来不及卖，就全部送人。王承书后来回忆说："当初，我回国的唯一原因，不是我不爱美国的优厚生活，而是我更爱自己的祖国。"[1]

除了托运的行李，张文裕还为中国科学院买了一些半导体零件，准备带回国去。商讨之下，他们预感到这些可能不好带走，便托准备前往英国的美籍华人朋友王浩，将一手提箱的半导体零件交给驻英代办处，再由他们送回国。然而，就在王浩从纽约乘船去往英国的途中，联邦调查局人员乘军舰追到公海，搜走了手提箱。

彼时，王承书一家从美国中部前往西海岸准备登船。当他们接到王浩发来的电报时，心里一沉，预感到更大的麻烦在等着他们。

果然，在他们上船的前一天，美方突然提出要检查他们的行李，并单独挑出放在一边，地上用红笔写着大大的"Reds"——

1 黄雪梅，陈祖甲．"隐姓埋名一辈子"——追忆我国铀同位素分离事业理论奠基人王承书[N].人民日报,1994-8-24．

即“赤色”之意。他们打开了所有的箱包，把里面翻了个遍，忽然冷不防问了句：“你们有铀没有？”

“铀？”这是自然产生的最重的金属，具有放射性，当然不会被随身携带。但这一问让王承书夫妇一下子明白了盘查的真正用意，他们几乎同时想起一位美国教授不久前对他们所说的：“知道为什么不让你们回国吗？你们回去后就是潜在的原子弹制造者。”铀化合物早期用于瓷器的着色，在核裂变现象被发现后，铀被用作核燃料，应用于发电、核武器制造等领域。

“没有。”王承书干脆地回答。

“不，妈妈，咱们有‘铀’”。儿子在一边接上了话。

王承书吓了一跳，此刻稍有不慎都会酿成大祸。可当她看到儿子拿出一套化学玩具时，拍拍儿子的头笑了。

事情并没有结束。王承书一家登船的前一天晚上，暂住到旧金山青年会馆。第二天早晨 7 点钟，两名不速之客就来到临时居所，不由分说地“请”走了张文裕。王承书带着巨大的焦虑和担忧等待着，各种可怕的假设在她的脑海中闪过。直到下午 1 点多，张文裕终于拖着疲惫的身子推开了房门。在过去的几个小时里，他受到了车轮战般的盘问：“你为什么要回北京？”“你在美国和谁联系过？”面对恼人的盘问，张文裕一口咬定：“我回中国探望年过七旬的父亲，王承书回国探望年近七旬的母亲。”王承书从张文裕的目光里明白了一切。而此时距离开船仅有两小时了，他们顾不得细谈，直奔码头。

路上，夫妻俩迎面遇见了一个陌生人。他递来一张名片，告诉王承书夫妇，只要想回来，随时可以打电话联系。经此种种，

王承书和张文裕

天真的儿子不解地问道："妈妈，为什么离开美国这么难，要回来却那么容易呢？"王承书还无法和年幼的孩子解释清楚这一切，只能拉着他尽快赶去登船。

1956 年的 9 月中旬，王承书一家人历经坎坷，终于登上了停泊在旧金山的克利夫兰总统号客轮。当他们急急忙忙走上舷梯，推开舱门，却再一次愣住了——里面早有 3 男 1 女静候，其中还有位华人翻译。他们一见王承书夫妇，便走上前去："对不起了，我们要搜查一下。"

这些人穿着深蓝色制服，是美国移民局和联邦调查局的职业特工人员。他们立即展开了极为仔细的搜查，连鞋底和按西方风俗绝不可翻动的妇女手提包都细细搜过了，从王承书的手提包中翻出了寄书目录和一封私信。

"你们寄了这么多书回中国，是违法的，你们不知道吗？"领头的翻看书单，乜斜着王承书。"我是通过贵国邮局寄的，要说违法，贵国邮局首先要承担责任。"王承书理直气壮地顶了回去。

搜出的私信是王承书母亲寄来的，内容由王承书的舅家表弟、当时在中宣部工作的何祚庥帮助姑妈起草，其中谈到了新中国的情况。虽是普通的家常信件，但其中的几句话却完全可以作为美方扣押他们的口实，王承书顿感到浑身发冷。

华人翻译一句句地为3名美国搜查者译成英语，离那几句话越来越近了，王承书的心不停地抽紧。然而翻译突然停下来，看了王承书一眼，才接着又继续译下去。出乎意料的是，翻译并未完全如实将那几句话译成英文，而是做了些改变，3名特工毫无反应，翻译的脸上也十分平静；唯有王承书自己感受着强烈的心跳。当她伸手接信时，在微微发抖的手腕上，留下了指甲掐出的深深的指痕。待搜查者走下客轮，她又冲动地跑上甲板，目送那名年轻的翻译远去；那翻译仿佛无意识地回过头来，默默地看了她一眼。王承书长长地出了一口气，手扶栏杆，遥望远方。

与王承书、张文裕夫妇同船回国的还有著名力学专家郭永怀和夫人，著名语言学家李佩夫妇，他们也在甲板上关注着这一切，暗暗担心着，直到看见特工们离开才松了一口气。郭永怀、李佩夫妇的归国历程也是同样跌宕起伏，郭永怀甚至不得不烧掉书稿、以免搜查。但只要能顺利回国，一切都是值得的。何况人的头脑是无法搜查的，了然于心的知识是烧不掉的。

终于，在预定起锚后的两个小时，轮船顺利驶入了浩瀚的太平洋，张文裕、王承书夫妇带着6岁的儿子，终于踏上了回国的旅程。喧嚣繁华的旧金山，横跨圣佛兰西斯海湾的金门桥，渐渐从地平线上消失了。张文裕、王承书手扶栏杆，默默向生活了10多年的美国告别。客轮一路劈波斩浪，横跨太平洋，经过夏威夷、日本、菲律宾。王承书夫妇始终小心翼翼，他们见惯了美国当局的丑恶嘴脸，生怕其再度出尔反尔。一万多公里的行程中，每次靠岸，他们都没有下船。

事实确如他们所担心的。到了彼时英国治下的香港，美国联邦调查局和移民局的人突然上船进行了再一次检查。他们整整折腾了两个小时，确认一无所得才离开。张文裕后来风趣地对人说，“当年回国时，连简易的行李都被抄走了，带回来的只是一个脑袋。”

然后，大家乘小船到罗湖桥，一颗颗心始终悬着，船上沉默无言。直到看见远方的红旗，众人激动得默默落泪。漫长的等待，20多天的海上漂泊，一路的艰难险阻，但到了这一刻，一切都不算什么。1956年10月6日，张文裕、王承书夫妇和郭永怀、李佩夫妇等归国科学家进入罗湖边防站，正式踏上了祖国大陆的土地。

在1958年《中国建设》(China Reconstructs, 现为《今日中国》)杂志第7期上，王承书发表了《我回家了》（英文）一文，详细回忆了归国历程，抒发了回到祖国后的兴奋和喜悦之情。

王承书、张文裕夫妇回来了。在他们心中，对祖国的热爱，胜过了金钱、官位和物质的诱惑。他们毫不犹豫地放弃了海外的优越生活和丰厚薪酬，选择用自己的知识和才能，为祖国的发展贡献力量。面对当时来自美国的诱惑和台湾当局的极力招揽，他们坚守本心，不为所动；面对归途的艰难与曲折，他们勇往直前，毫无畏惧；面对新中国的召唤和亲人的期盼，他们满怀激情，无怨无悔。

回国后不久，王承书在给一个朋友的信中写道：“回国前我已经暗下决心，一定要服从祖国的需要，不惜从零开始。”对于她来说，新的科学征程，即将拉开序幕。

王承书一家回到北京后第一个周末前往颐和园游玩

1.4 真正有意义的生活开始了

当王承书踏上祖国的土地，第一次亲眼看到新中国国旗在边境上空飘扬，立刻感到了无比的兴奋。对于新中国、新社会，她的脑海中有许多未知，但眼前的一切立刻给了她答案。海关官员快速高效的工作和友好的态度，和国民党时期官员们腐败而乏善可陈的作风形成了鲜明对比。广州街道上人们衣着整洁、神采奕奕，一扫旧社会那充满了乞讨、饥饿和烦躁的面貌。王承书在日记中动情地写道：

1956 年 10 月 6 日是我难忘的一天，虽然那时候还没意识到这将是我真正有意义生活开始的日子。在离别了十五年的祖国国境上，第一次看到五星红旗在空中飘扬，心里说不出的兴奋。我回来以后，就是要为国家作贡献，我不能等人家把中国建设好了再来，所以国家需要什么我就干什么。

在一同归国的路上，既有郭永怀、李佩夫妇这样的老朋友，也有刘金旭、黄量夫妇等新结识的朋友，大家都对未来的工作和生活充满了信心和活力。后来，郭永怀为“两弹一星”事业作出了巨大贡献，甚至献出了生命；李佩进入中国科学技术大学任教并培养了大批语言学人才；刘金旭担任了中国农科院畜牧研究所所长；从事化学研究的黄量女士进入中国医科院药物研究所，是药物所的创办者之一，1980 年和王承书一起当选中国科学院院士。

1980 年，中国科学院女学部委员合影

（左起：叶叔华、李林、沈天慧、郝诒纯、何泽慧、池际尚、谢希德、王承书、黄量、蒋丽金、高小霞、李敏华、林兰英、陈茹玉）

1956 年 10 月中旬，王承书被分配到北京大学物理系教授热力学与统计物理学。经过 1952 年的高等院校大调整，北京大学搬到了原燕京大学的校址，北京大学、清华大学和原燕京大学 3 校的物理系合并为北京大学物理系。王承书回到了上学的地方工作，心里十分高兴。在北大物理系，她见到了曾在燕京大学的校友褚圣麟、卢鹤绂，以及密歇根大学的校友朱光亚。褚圣麟于 1952 年开始担任北京大学教授兼物理系主任。卢鹤绂和朱光亚也在北大筹建新的技术物理专业。这万象更新、欣欣向荣的光景，和王承书1941年离开祖国的时候形成了鲜明的对比。她不禁回想，当时认识的大多数知识分子都在极端艰苦的环境中工作和生活，无论多么努力也很难得到国民政府的重视，国家几乎没有为科研项目提供相应的支持。社会上尽是贫困和疾病，有的人侥幸攒下一点财产，却常常为生活所迫变卖家当；那些攒下钱的人，其实都是在资本家的私人企业里长时间不停地工作，才能让家人温饱；大家对未来都充满了悲观。那时的王承书作为一名已婚妇女，在国内根本无法找到工作。即便后来在美国学习和工作时，仍然可见对女性的职业歧视，特别是已婚女性。然而归国以来，王承书兴奋地发现，包括他们自己在内的许多人都凭借着能力找到工作，而不是像在旧中国那样，只有靠认识某个人物、凭借关系才能获得职位。王承书和张文裕都在各自擅长的领域里发光发热，感受着新社会的新气象，对祖国和人民都有了更深刻的了解。

与此同时，王承书的家庭生活也在发生着变化。1956年10月中旬，张文裕、王承书一家住进中关村的13楼206号（时称26楼），当时被称为“特楼”；同时入住的有郭永怀和李佩一家。在中关村这3座“特楼”，曾经居住过许多为国家作出重要贡献的科学家，如钱学森、钱三强、赵九章、王淦昌、杨嘉墀、汪德昭等等。

而当时唯一让王承书有些担心的，其实是儿子的上学问题。小张哲当时已经7岁，身高高于同龄人，并且在美国已经接受了一年的学校教育。附近的北京大学附属小学校长虽同意他立即入学，但如果孩子不能赶上学校的进度，就不得不留级一年。王承书很担心儿子和老师同学的中文沟通问题，更怕留级会伤害他的自尊心。但一年级的吴老师善解人意地给了小张哲很多帮助，不仅向同学们解释他的情况，还鼓励其他同学和他一起学习和玩耍。张哲很快就跟上了学校的课程，甚至可以顺利阅读报纸上的中文文章了。

王承书在家里学习，孩子在写汉字

眼见自己的工作、生活、家庭，一切都在国家的关怀下顺利进行，王承书愈发感到责任重大，必须加倍努力工作，才能回报祖国和人民。她晚年动情地回忆道：

“说真的，我40多岁才回国，我的青春年华大多耗费在美国，我对祖国已经负债很多，现在国家又这么信任我，把这么重要的工作交给我，这在国外是无法想象的，我怎么敢怠慢，不全力以赴呢？”

1.5 一生三次“我愿意”

王承书归国之时，正是国家的科技和国防事业最需要人才的时刻。1956年，刚刚回国的王承书连凌乱的家都没安顿好，就按照组织安排立即投入工作，到北京大学任教。这一年的11月，第一届全国人大常委会决定，成立主管原子能工业的第三机械工业部（1958年2月11日，改为第二机械工业部）。当时的部长宋任穷，对人才十分渴望。一听说王承书从国外归来，迫切希望她能去中国科学院物理所（后改名为原子能研究所）从事同位素分离的理论及应用研究。这一研究领域是核科学中的关键技术，但当时在国内还是一片空白。为了当时国家的需要，王承书调到了中国科学院物理研究所（第4研究室）从事同位素分离理论研究。

从此，王承书的名字与中国原子能事业紧密地联系在了一起。为了祖国的强大，为了核事业的发展，在一次次国家需要的时候，王承书始终“愿意服从组织的安排，肩负起国家的重托”。一生三次“我愿意”，是她对祖国最深情的告白。

1957 年，王承书在物理研究所留影

1958：“我愿意”的开始

1958 年，我国筹备了热核聚变研究室，聚变能被认为是人类最理想的清洁能源，也称人造太阳。国家希望抢占前沿技术的制高点，二机部和原子能所领导经研究决定，将热核聚变列为原子能所的 3 个重点项目之一。那么，由谁领头呢？反复思量后，钱三强将目光投向王承书。她有雄厚的理论基础，严谨的科学态度，拼命的工作精神，无疑是最佳人选。

但当时这一技术在国内一片空白，也是王承书从未接触的陌生领域；时年46岁的王承书已开始在铀同位素理论研究方面深耕下去，转入核聚变研究无疑是一个充满风险的巨大考验。1958年9月，原子能所负责的重水反应堆和回旋加速器（简称“一堆一器”）建成后，钱三强副部长和王承书谈了一次话，代表组织郑重告诉她国家的迫切需要。面对钱三强的邀请，王承书毫不犹豫地说出了“我愿意”：“半路改行我不怕，我愿意接受这个任务！”

接到任务，王承书很快就带领一些同志到苏联去学习，在回国的七天七夜的路途中，她把其中一份比较重要的资料翻译成中文，并很快出版出来。经过两年的努力，王承书已十分熟悉这个领域，她带领着一支理论队伍，填补我国在热核聚变理论方面的空白，为我国受控热核聚变和等离子研究奠定了坚实的基础。

1961：掷地有声的“我愿意”

正当王承书准备在热核聚变领域中进行更深层次的研究时，一个突然的情况，再次令她从零开始。当时，苏联撤走在我国的高科技领域专家，带走大量技术资料，只留下一堆拆不走的机器和厂房，我国浓缩铀生产工厂随即陷入困境，而生产浓缩铀是制造原子弹的核心技术。面对如此形势，1961年3月，钱三强再次找到王承书：“承书同志，现在国家需要你再次转行，这件事情要绝对保密，你愿意吗？”王承书平静地说：“既然国家需要，我肯定愿意！”她似乎是不假思索地说出了这掷地有声的一句话。

当天下午，王承书就到了原子能所那个神秘莫测的小院上班。由于苏联扩散厂不接受我国实习人员，因而在气体扩散工厂建设的同时，我国决定在北京建设一个气体扩散实验室，作为培训基地。王承书担任气体扩散研究室（615 室）副主任，负责工程物理方面的理论研究工作。

为了搞科研，王承书常年住在集体宿舍，很少回家，顾不上照顾丈夫和孩子。由于工作地点离家较远，1958—1978 年期间，她每周只能回家一次与家人团聚。

从此，王承书的名字消失在了国际物理学界之中，她从此隐姓埋名，投身于原子弹的核心燃料研究。王承书带领团队苦心钻研，比原计划提前 113 天获得合格产品，为我国第一颗原子弹提供了最根本的燃料保证。

1964：“我愿意”进行下一个任务

伴随着 1964 年 10 月 16 日中国第一颗原子弹爆炸成功的那一声巨响，中国人从此摆脱了核封锁与核威胁。而此时的王承书，面对的却是继续地隐姓埋名，从事核事业研究。

为了满足对浓缩铀成倍增长的需求，1964 年国家决定筹建铀同位素分离研究所，正式下达研制大型国产扩散机的任务。这是组织上向王承书发出的第三次邀请。这一次，时年 51 岁的王承书依然坚定地说出了第三个“我愿意”。她担任了大型国产扩散机的总设计师，带领一批年轻人，充分应用前几年理论研究成果，进行了大量计算，很快就完成了物理参数和总体参数的选择，及时提出对各部件的物理设计要求。这项研究成果到 70 年代后期正式定型，对于我国的气体扩散技术研究意义重大。

在王承书笔记的扉页里，有一张已经发黄的字条，上面写道：“在无论任何条件下，坚决完成党交给我的任何任务，在必要时不惜牺牲自己的生命。”她用行动诠释了对祖国深沉的爱与承诺。每一次“我愿意”，都是她对党和国家的深情告白，是她对科学事业无限忠诚的誓言。

1.6 我的选择没有错，我的事业在祖国

1986 年 10 月 6 日，74 岁的王承书举行了一次小小的家宴。这并非生日的庆典，而是为了纪念她一家回国 30 周年。

家宴上，王承书端起盛满果汁的酒杯，感慨万千：

现在有人弃祖国而去，有人出国学习不愿回来，而我却要纪念我回国的日子。有人说中国穷，搞科学没条件，其实我们回来时何尝不知道，那时的条件更差。但我们是中国人，祖国还处在百废待兴的时候，我不能等别人来创造条件，我要亲自参加创造条件、铺平道路的行列。当初，我回国的唯一原因，不是我不爱美国的优厚生活，而是我更爱自己的祖国。30 年了，至今我可聊以自慰的是，我的选择没有错，我的事业在祖国。

回国后的王承书身负重任，可出于工作保密需要，家里对她的工作却不甚了解，只知道她忙得不可开交，常年住单身宿舍，吃大食堂，一星期忙的电话也很少往家里打。就连星期六回家，也是抱回一包材料，一头扎进去就是一整天。儿子总是抱怨："妈妈好像不是这个家的人。家里什么事也不管。"是啊，作为一项重大工程的总设计师，她没有时间和精力放在自己的孩子身上。王承书始终将国家的利益放在首位，她的心中充满了对祖国

的责任感和对事业的热爱。

作为第三、四、五届全国人民代表大会代表，王承书在国歌响起时，总是和其他代表一起，用尽全身力气高声歌唱，一股作为中国人的自豪之情油然而生。特别是在第四届全国人大代表会上，当瘦弱的周总理出现在主席台上，整个会场掌声雷动，王承书眼含热泪，拼命鼓掌，那一刻，她对祖国的深情和对人民的热爱达到了顶点。

王承书的一生，是对祖国无限忠诚和对科学不懈追求的生动写照。归国几十年岁月，她始终无愧于祖国和人民。

1.7 为祖国工作，怎么看也不能算是“牺牲”

1992年年初，王承书的学生诸葛福和黄更生写了一篇介绍恩师事迹的文章：《记核科学家王承书》，后来于1993年3月发表在《现代物理知识》第1期。文章初稿拿给王承书审查的时候，却得到了一点“异议”。

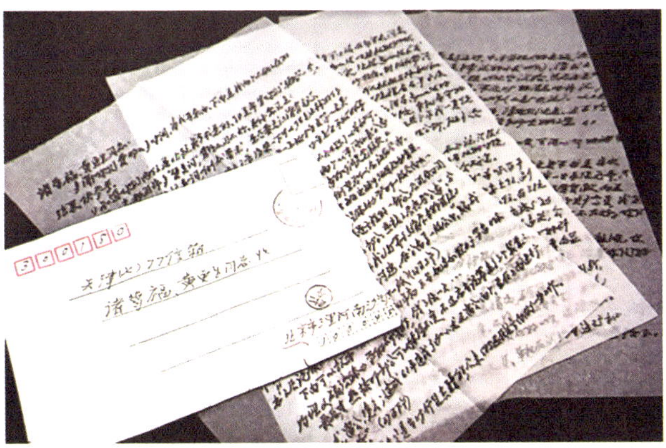

王承书给学生的书信（局部）

王承书看完文章初稿，于1992年3月4日，给诸葛福和黄更生写了一封信，在信里写道：

我一生平淡无奇，只是踏踏实实地工作，至于贡献呀，谁又没有贡献？而且为国家做贡献，是每一个公民的职责，何况是一个共产党员。我感到没有能做更多的工作，就已到了暮年。身体又不太好，你们把我说高了，我心里反不是滋味。（《与诸葛福、黄更生的通信》）

王承书一生就是如此地淡泊名利、潜心奉献。正如她在信中所表达的，将毕生精力投入到对科学的追求和对国家的奉献之中，在她眼中不过是分内之事。

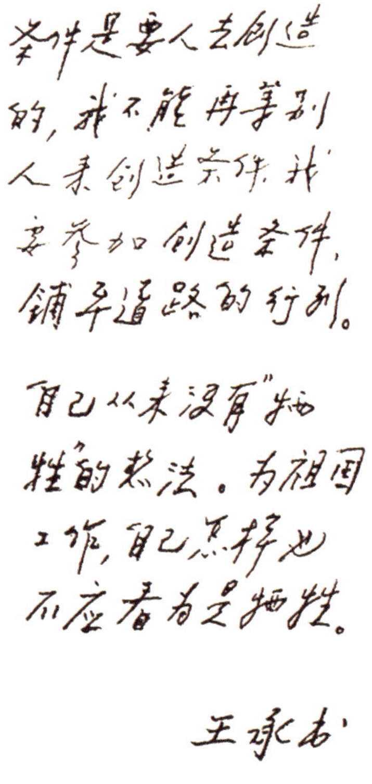
条件是要人去创造
的，我不能再等别
人来创造条件我
要参加创造条件，
铺平道路的行列。

自己从来没有"牺
牲的想法。为祖国
工作，自己怎样也
不应看为是牺牲。

王承书

“为祖国工作，怎么看也不能算是牺牲”

1.8 许党报国的共产党员典范

1959 年 10 月下旬的一天，一辆披红挂绿的彩车，在鼓乐和鞭炮声中开出了原子能研究所的大院。车里坐的是参加全国群英会的 3 名代表——林兴炎、孙法大和王承书。作为特邀代表的王承书坐在车上，望着胸前的红花和向她招手的同志们，心里感到阵阵不安。她想向人们诉说：我没做什么，我做得不够！

1959 年 10 月 25 日至 11 月 8 日，这场在北京召开的全国群英会真可谓群英荟萃。代表们受到党和国家领导人刘少奇、周恩来、朱德等人的接见。邓小平总书记参加了这次接见，他对回国参加社会主义建设的王承书印象十分深刻。

听着代表们的发言和介绍，王承书却是如坐针毡，她觉得自己和其他代表的奉献事迹相比，还差得太远。一打听又发现，代表中百分之七八十是党员。“在党的帮助下，我一定会进步得更快。”科学上卓有成就的王承书，也在政治上为自己确定了目标。参加全国群英会后，她立即递交了入党申请书。

1960 年，原子能研究所召开党代会，王承书被邀请发言。面对敬爱的党组织，面对全体党员代表，48 岁的王承书再次庄严地提出了入党申请。

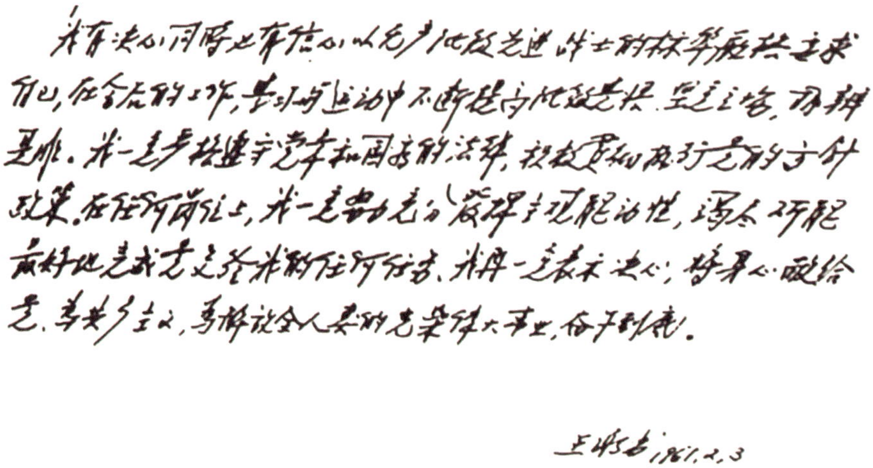

我有决心同时也有信心以无产阶级先进战士的标准严格要求自己，在今后的工作、长期的运动中不断提高阶级觉悟，坚定立场，明辨是非。我一定要严格遵守党章和国家的法律，积极贯彻执行党的方针政策。在任何岗位上，我一定要[illegible]，[illegible]好地完成党交给我的任何任务。我再一次表示决心：将身心献给党，为共产主义，为解放全人类的光荣伟大事业，奋斗到底。

王承书 1961.2.3

王承书写的入党申请书（局部）

1961 年 11 月 20 日，王承书光荣地加入了中国共产党。入党介绍人是当时的原子能研究所副所长，后来的核工业部副部长刘书林。从此，不论在科学研究中还是在日常生活中，她事事处处以共产党员的标准严格要求自己。

入党后不久，王承书就从每月 280 多元的工资里拿出 200 元交党费。

吴文政研究员回忆说：

我曾担任过王承书所在党小组的组长，王先生总是按时缴纳党费，她个人吃穿用是那么简朴，却将工资的 70% 作为党费交纳给党组织。作为党小组长的我十分感动，劝告她注意保养身体，适当增加些营养，她总是笑着说：“我营养够了，你们不必挂念。”

后来，在组织的多次劝阻下，王承书这才开始按规定交纳党费。

1994 年 6 月 18 日，王承书平静地离开了。在人世间行走 80 余年，王承书始终心系祖国、心系科学，不求名不求利，生活清贫却精神富有。她的书籍和资料送给了曾经奋斗过的核工业理化工程研究院，点滴积攒的约 10 万元存款全部捐给了“希望工程”，零存整取的 7222.88 元上交了最后一笔党费。

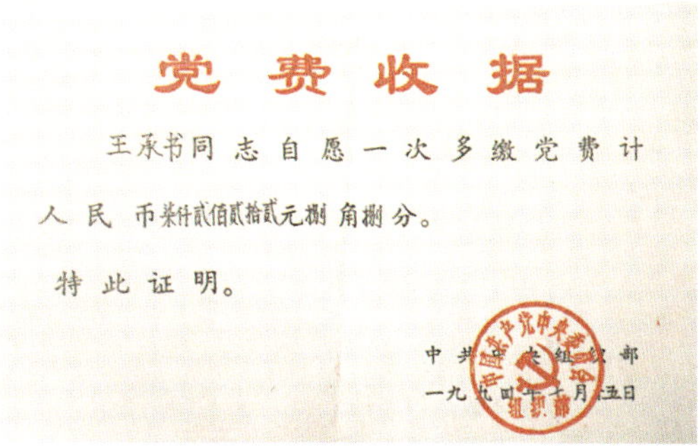
党费收据

王承书同志自愿一次多缴党费计人民币柒仟贰佰贰拾贰元捌角捌分。

特此证明。

中共中央组织部

一九九四年七月五日

王承书最后一次交党费的收据

看着王承书交的最后一笔 7222.88 元的党费，许多人流下热泪。一个科学家，把一生的每一点、每一滴都献给了党和人民，而她自己还觉得做得不够好。在她的心中，“共产党员”这 4 个字是何其崇高的目标，又是一份多么沉甸甸的荣耀和责任。王承书的一生，是对这份崇高目标的不懈追求和实践，她用行动诠释了什么是许党报国的共产党员典范。

原核工业部部长蒋心雄在纪念文章中说：

王承书同志虽然已经永远离开了我们，但她的精神是永存的，是永远值得我们学习的。[1]

全国政协副主席朱光亚在纪念文章中说：

王承书同志热爱祖国、热爱社会主义，克己奉公、无私奉献，学风严谨、工作细致，和蔼可亲，为我们树立了一个共产党员和具有高尚情操的科技工作者的典范，我们将永远缅怀她、学习她。[2]

---

1 蒋心雄 . 怀念王承书同志 学习王承书同志 [N]. 光明日报，1994-7-25.

2 朱光亚 . 怀念王承书同志 [N]. 光明日报，1994-8-2.

王承书在她的笔记本里，是这样写的：

我有决心，同时也有信心严格要求自己，在今后的学习、工作与运动中，不断提高自己的水平，坚定立场，明辨是非，我一定能将党的利益放在个人利益之上，在任何工作岗位上，都竭尽所能，最好地完成党交给我的任何任务。我再一次表示决心，将我的身心交给党，为共产主义、为解放全人类的光荣、伟大事业奋斗到底。

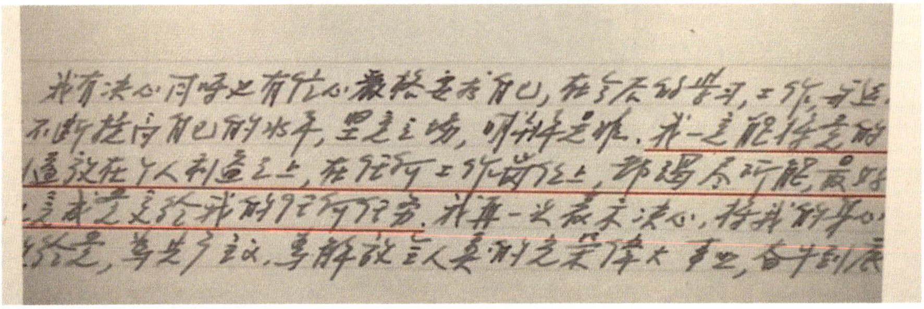

王承书写的决心书

第二章　创新篇

创新是发展的动力，创造是进步的源泉。在科学探索的浩瀚长河中，创新犹如一盏明灯，照亮我们前行的征途。

王承书，这位卓越的科学家，在动理理论的研究领域取得了令人瞩目的成就，在非平衡态统计物理的研究上，为科学界贡献出宝贵的智慧。她的科研历程，是一条不断自我超越和创新的旅程。

在原子弹装料的研制过程中，王承书团队不仅对产品纯度进行了精确的计算与试验，确保了产品品质满足设计要求；还绘制了产品在生产过程中的丰度变化曲线，为生产提供了准确的数据支持。她对工厂技术人员提出的启动方案进行了细致的核对和大量的计算，确保了生产任务比原计划提前 113 天完成。

王承书及其团队的卓越工作，获得了党和国家的高度认可。毛泽东主席赞誉她为“第一颗原子弹爆炸的女功臣”——这是对王承书为国家科技进步和国防建设所作贡献的高度肯定。

2.1 回国前的动理理论研究贡献

王承书于1941年赴美留学，在乌伦贝克教授的指导下，于1945年获得博士学位。此后，她继续与乌伦贝克教授合作，从事气体动理理论与稀薄气体输运性质的研究。自1945年到1956年回国之前，王承书与导师乌伦贝克在非平衡态统计物理领域作出了大量开创性工作，涉及核物理、稀薄气体动理论、统计力学等各个方面，主要贡献可概括为以下几个方面。

第一个方面，1948年，王承书通过深入细致的分析和严谨的推算，发表了具有里程碑意义的论文《稀薄气体输运现象》。在这篇论文中，她指出了查普曼－考林的力学权威著作《非均匀气体的数学理论》（The mathematical theory of non-uniform gases）第一版中关于伯纳特结果的关键性错误，纠正了书中二级近似热流矢量的两个系数的错误，并提供了正确的结果。王承书进一步将这些发现应用于声波传播的研究，得出了与前人基于原书错误所得结论完全相反的发现。她的这一贡献，促使该书作者在第二版中根据王承书的研究成果进行了更正。

1946年，钱学森与尚贝格（Schanberg）在计算空气中声波色散时，由于选用了错误的系数，导致计算结果仅为实际值的六分之一至七分之一，从而得出了色散效应无法观察的错误结论[1]。1948 年，钱学森等人采纳了王承书经过精确计算和实验验证得出的系数，重新计算了声波色散，修正后的结果证实了色散效应是可以在实验中观察到的。

第二个方面，王承书在声波色散和吸收问题的研究上，首次运用动理理论进行了解释。1872 年，玻耳兹曼（Ludwig Boltzmann）提出了著名的玻耳兹曼方程，这是一个复杂的微分–积分方程。直到 1916 年，才首次得到了该方程的一级近似流体动力学方程。1935 年，进一步导出了二阶近似的流体动力学方程。而在声波频率极高的情况下，王承书与乌伦贝克在研究气体中的声波色散和吸收过程中，提出了三级甚至部分四级近似的解决方案，引入了“高矩声波”的概念，拓展了矩方程的应用范围。

第三个方面，王承书对高速空气动力学中的激波层厚度等问题进行了开创性的探索。她的工作不仅深化了该领域的理论基础，而且激发了后续大量的研究工作，对空气动力学的发展产生了深远的影响。

第四个方面，1949 年，王承书与 D.L. 福尔科夫（Falkoff）合作，对核 β 衰变过程中产生的连续 γ 辐射现象进行了深入研究，并对禁戒跃迁与容许跃迁进行了细致的理论分析。她的论文发表后，其研究成果在近 70 年的时间里被国内外学者广泛引用近 100 次[2]，这充分证明了她的工作在国际物理学界获得了高度

1 H. S. Tsien（钱学森）and R. Schamberg. Journ. of Acous. Soc. Am. 18 (1946) 334.

2 尹晓冬，李睿 . 巴伯奖学金与中国近代八位女物理博士 [J]. 中国科技史杂志，2016(3):313-326.

认可和重视。

第五个方面，玻耳兹曼方程原本用于描述单原子气体分子的运动规律；1951 年，王承书与乌伦贝克进一步拓展了这一理论，考虑了多原子气体分子除了平动能外，还具有转动能、振动能等内能形式。在分子碰撞过程中，这些内能形式能够与平动能发生相互转换。王承书采用查普曼 – 恩斯科格方法求解了修正后的方程，深入研究了多原子分子气体的输运性质。她的研究揭示了单原子分子气体所不具备的新现象——体积黏滞系数的出现，并且发现多原子分子气体的导热系数与单原子气体存在显著差异，为气体动力学领域贡献了新的理论视角和实验数据。

第六个方面，1952 年，王承书撰写了题为《论声音在单原子气体中的传播》的论文，对线性化玻耳兹曼碰撞算子的本征函数和本征值进行了深入研究。她严格证明了在麦克斯韦气体模型下，线性化玻耳兹曼碰撞算子的本征函数正是索南多项式。尽管麦克斯韦气体在物理实际中应用有限，但王承书的这一数学结论对于理解麦克斯韦气体在气体动理学发展中的特殊地位，以及伯纳特在求解线性玻耳兹曼方程时引入索南多项式的原因，提供了重要的理论支持，并成功求出了本征值的谱。

第七个方面，1956 年，王承书在回国前夕完成的最后一篇论文，对气体近壁处的特性进行了研究。结论发现，在固体壁附近，气体的速度或温度会出现跳跃现象[1]，该成果对于理解气体与固体界面的相互作用具有重要意义。

1　应纯同，张存镇译 . 气体运动论——王承书论文选集 [M]. 北京：原子能出版社，1994.

王承书在美国时的照片

第八个方面，王承书与乌伦贝克、扬－德波尔合作完成了论文《多原子气体的热传导和黏滞性》。他们采用半经典方法，即在考虑分子转动和振动能级的量子力学效应的同时，对分子的平动保持经典处理，成功推导出了描述具有内能的气体分子的半经典玻耳兹曼方程。1951 年提出的这一多原子分子动理学方程，被命名为王承书－乌伦贝克方程 [Wang-Chang-Uhlenbeck（WCU）equation]，并给出了输运系数的形式解。通过巧妙修改玻耳兹曼方程的碰撞项，他们导出了适用于具有内部自由度的多原子气体的修正玻耳兹曼方程。虽然由于种种原因，这项成果直到 1964 年才得以公开发表，但其在高温气体、化学流体和原子分子物理研究中的广泛应用，证明了其深远的科学价值和实践意义。

王承书的研究成果对于当时的高空物理和气体动理学研究领域具有极高的价值。原始的玻耳兹曼方程主要针对单原子气体设计，其分子模型假设为球对称，仅考虑了分子的平动能，未涉及其他形式的内能。然而，自然界中绝大多数气体为多原子气体，其分子在碰撞中不仅具有平动能，还伴随着转动能、振动能等内能形式的转换。王承书与乌伦贝克教授借鉴量子力学的方法，通过她的研究，不仅在理论上，也在实际应用中，将玻耳兹曼方程的求解推向了更完善、更精确的新高度。

虽然由于一些原因，她的论文未能及时发表，但在 1970 年，

王承书《气体运动论》封面
（按国家标准名为《气体动理理论》）

乌伦贝克教授在美国为她的研究成果进行了公开发表。此后，王承书的研究成果在美国、俄罗斯、意大利等国家的众多著名学者的著作中被多次引用，激发了大量后续研究，影响深远。她的杰出科学贡献赢得了国际学术界的高度赞誉，尤其是后四项，已成为国内外输运理论专著和教材中的经典内容而长传后世。

1994 年，原子能出版社出版了《气体运动论——王承书论文选》（目前按国家标准改名为《气体动理理论》），收录了王承书的 10 篇重要论文。这一出版可谓及时，让病榻上的王承书亲眼见证了自己的学术成果集结成册。

此外，1987 年，科学出版社出版的黄祖洽、丁鄂江的专著《输运理论》，以及 1990 年清华大学出版社出版的应纯同教授的专著《气体输运理论及应用》，均引用了王承书的研究成果，进一步证明了她在该领域的深远影响和重要贡献。

2.2 热力学与统计力学的开拓传承

1956 年 10 月中旬，刚刚回国的王承书开始担任北京大学物理系教授，满怀热忱地投入到工作之中。根据在国外所学专业，专门讲授热力学及统计力学。这两门科学是研究原子能技术的基础。

什么是热力学及统计力学呢？热力学（Thermodynamics）是从宏观角度研究物质的热运动性质及其规律的学科，属于物理学的分支，它与统计物理学分别构成了热学理论的宏观和微观两个方面。热力学主要是从能量转化的观点来研究物质的热性质，它揭示了能量从一种形式转换为另一种形式时遵从的宏观规律，其基础与核心是平衡和稳定。

统计力学（Statistical mechanics）是一门以玻耳兹曼等人提出的理论为基础，根据对物质微观结构及微观粒子相互作用的认识，用概率统计的方法，对由大量粒子组成的宏观物体的物理性质及宏观规律作出微观解释的理论物理学分支。随着量子力学的蓬勃发展，特别是在平衡态与非平衡态问题的研究上，统计力学取得了显著的进展。

在平衡态统计物理领域，中国物理学家作出了显著贡献，除了 20 世纪 50 年代获得诺贝尔奖的杨振宁、李政道等科学家，早期的开拓性人物便是西南联大的王竹溪教授。在非平衡态统计物理方面，王明贞和王承书这两位女物理学家是最早在国际物理学界获得认可的中国科学家[1]。1951 年，王承书和导师乌伦贝克用量子力学推导出适用于多原子气体的玻耳兹曼方程，可谓影响深远。

王承书（左 1）与高兆兰（左 2）和
王明贞（左 3）在密歇根大学工作

有意思的是，王竹溪和王承书这两位热力学和统计力学的代表人物，建国前曾在西南联大相识，如今又在北大物理系重逢。

王承书于 1941 年出国前曾于西南联大工作，当时王竹溪教

1 刘寄星．两位中国女物理学家对非平衡统计物理学的重要贡献 [J]. 物理，2004(3):157-164.

授曾在热力学领域给予了她诸多帮助。抗战胜利后，1946 年夏天，王竹溪随清华大学从昆明迁回北平。1949 年 1 月，王竹溪被任命为清华大学物理系主任。1952 年全国高等院校调整，王竹溪调入北京大学任物理系教授、理论物理教研室主任，此后一直在北大工作。他于 1955 年编著出版的《热力学》成为我国第一部热力学教材。1956 年，王承书回国后，王竹溪将《热力学》作为礼物送相赠，扉页上书：“王承书先生指正，王竹溪敬赠。”

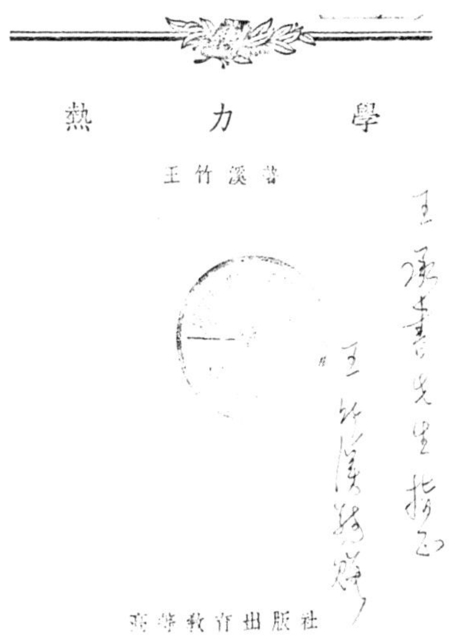
熱　力　學
王竹溪著
王承書先生指正
王竹溪敬贈
高等教育出版社

王竹溪赠王承书《热力学》题词

王竹溪其实仅比王承书大 1 岁，将王承书称为先生，可见这位大科学家的谦虚，以及王承书的学术地位。

在北大的课堂上，王承书凭借多年的学术积淀，将热力学的复杂理论转化为生动有趣的讲解，深受学生喜爱。在统计物理学的教学与研究中，她以自己的深厚学养，为国家培育了专业人才。

2.3 填补热核聚变研究的空白

1958年10月，王承书调入原子能研究所热核聚变研究室，致力于等离子体物理和磁流体力学的研究，这也是填补国内空白的项目。

热核聚变不仅对我国，对于全人类都有着重要而深远的意义。我们知道，随着地球上的能源不断减少，人类开始转向原子能也就是核能，作为可持续的替代能源。核能主要有两种形式：一种是重核裂变释放的能量，另一种是轻核聚变释放的能量。

核聚变即热核反应，作为一种更为高效和清洁的能源形式，是通过轻原子核结合成重原子核的过程释放能量，其能量释放量远超过核裂变。但是，实现可控核聚变的条件极为严苛，需要极高的温度并伴随着巨大的压力。人类只能通过提高温度至亿度级别来实现核聚变，这要求我们必须依赖强磁场来约束高温下的等离子体；如何满足约束等离子体的具体条件，是人类正在积极研究的课题。

1952年11月，基于轻核聚变原理的氢弹试验成功，标志着人类掌握了核聚变技术。然而，氢弹的爆炸是不可控制的瞬间过程，其能量无法用于持续的动力供应。如果能够实现受控的热核反应，即在人工控制下使核聚变反应持续进行，那么建成的聚变动力反应堆将为人类提供几乎无限的清洁能源。

1958 年 11 月，我国受控核聚变的小型试验正式启动。王承书一接手新课题，很快从中关村搬迁至新建的研究基地——原子能研究所大院（当时称 601 厂）。她全身心地投入研究之中，一天三餐都在食堂吃，还在办公室里支了一张行军床；一边主持研究工作，一边学习新知识，同时指导年轻学生，每天工作超过了 10 小时。

1959 年 4 月，王承书被选为中国人民政治协商会议第三届全国委员会委员，这是由中华全国妇女联合会选出的 32 位委员之一，是对她学术成就和社会影响力的高度认可，令王承书十分高兴，工作热情更加高涨。

同年 5 月，王承书与同事钱皋韵和厉斌方被派往苏联库尔恰托夫研究院，在阿齐莫维奇院士领导的聚变部进行为期 3 个月的访问实习。在此期间，她抓紧每一分每一秒有效的时间，努力学习热核聚变的新知识。

在国际列车上，王承书凭着行前刚刚突击学习的俄文，抓紧时间翻译俄文资料。钱皋韵、厉斌方两位同事也无心闲谈说笑，和王承书一起审阅、改正，任凭一路上壮丽的北国风光匆匆而过，7 天的旅途就这样在紧张的学习中迅速结束了。

到了苏联之后，三人分别到了不同的单位实习，王承书进入沙弗拉诺夫领导的理论组工作，钱皋韵在托卡马克组工作，厉斌方分配至列宁格勒电物理设计院。他们的日常生活条件十分简朴，即便王承书早已是享誉世界的科学家，也都是一律按苏联实习生每月仅 500 卢布的待遇，而当时苏联的一张月票就要 40 卢布。王承书对此并不在意，她说：“我不是为着待遇来的，只要能学有所得，再差的条件，也能接受。”王承书的刻苦和才华赢得了苏联专家的尊重，获赠了不少重要的书籍和资料。

一踏上回北京的列车，王承书便立即着手翻译起来，她迫切希望这些重要的资料早日发挥对我国核聚变发展的作用。又是一个 7 天的旅途过去了，当火车驶进北京站，王承书也终于带着满身疲惫译完了最后几行字。这部关于热核聚变研究的著作便是《雪伍德方案——美国在控制聚变方面的工作规划》（Project Sherwood），在相当长时间内都是我国热核聚变领域的重要参考，而译者只署为笔名郭臻。

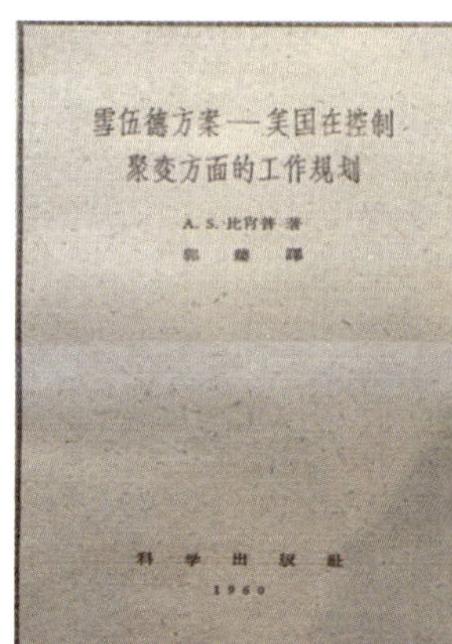

《雪伍德计划》封面及扉页

回国后不久，王承书又接着翻译了《热核研究导论》[illegible]，译者依然署名郭臻。这两本研究受控热核聚变的入门参考书全面介绍了热核聚变方面的基础理论、方法和现状，成为培训我国初期热核聚变队伍的基础教材。其中许多重要的概念和论述，都是

《热核研究导论》封面

经王承书仔细推敲后翻译过来的。

例如 plasma 一词，我国台湾省将其译作电浆体——这是根据聚变研究必须用到的物质中，除气态、液态和固态之外的第四种形态，是物质的部分电子被剥夺后的原子及原子团被电离后产生的正负离子组成的离子化气体状物质。王承书根据这种物质状态的物理意义，将其翻译为“等离子体”。这一名称被定义为中文物理词条，成为英译中的国家标准，一直沿用至今[1]。

王承书不仅为我国受控热核聚变和等离子体研究打下了重要基础，还培养了一批中坚科研力量。中国工程院院士潘垣，即便在 80 岁高龄，依然活跃在核聚变研究的第一线，亲自为本科生授课以传授科学思想。他将今日的成就归功于早年在王承书等科学家的指导下，所获得的宝贵学术和精神财富。

直到今天，核聚变技术依然是世界科技的最前沿，人们依然在为可控核聚变不懈努力。60 年来，中核集团核工业西南物理研究院先后建成了在聚变领域具有里程碑意义的三代重要平台：中国环流一号、中国环流二号、中国环流三号。2023 年 8 月 25 日，新一代人造太阳“中国环流三号”在成都取得重大突破，核聚变装置的控制运行能力大大突破。同时，中国科学院等离子体物理研究所的全超导托卡马克核聚变实验装置 (EAST) 已取得了显著成就。2023 年 4 月 12 日，EAST 实现了 403 秒的稳态高约束模

1　鄢斌．王承书纪念文集 [M]. 北京：中国原子能出版社，2022:99-101.

式等离子体运行，为核聚变能源的经济性和可行性提供了重要参考。

展望未来，核聚变有望彻底解决人类长期的能源需求。待到愿景实现的那一天，我们应当记得，当年王承书曾经是我国核聚变研究的奠基人之一。

2.4 原子弹装料产品背后的故事

1960年苏联专家撤走后，我国第一座气体扩散工厂陷入了困境。王承书接下组织交付的任务，开始从事铀同位素分离工作。

苏联人留下的工厂空有一批设备，但却无法运行，能不能生产出原子弹需要的合格装料产品，都是未知的。这里迫切需要铀同位素分离的理论和设备运转方案，让工厂尽快启动，生产出合格的铀-235产品，给第一颗原子弹提供装料。

然而这一领域在当时的中国几乎是空白，撤走的苏联专家只留下几本残缺不全的笔记资料。作为615研究室副主任，王承书凭着自己扎实的物理学功底，一边钻研理论知识，一边指导团队。

对机组的研究

机组中生产出的高浓铀产品中，其实还存有少量轻元素的氟化物，它们是在铀矿里与铀共存的轻元素经氟化而产生的。它们的浓度虽然极小，但在机组的运行过程中也得到了浓缩，而且浓缩程度比铀-235更快。必须要将它们去除，否则产品就不符合原子弹的装料要求。原工厂虽留有这批设备，但无资料可查，该机组的设计是否合理，能力是否充裕，都须尽快回答。于是，王承书带领大家开展了相关理论和实验研究。

王承书和钱皋韵在实验室了解情况

这又是一番极为复杂和庞大的运算。王承书和钱皋韵先进行理论计算，段存华再进行了补充计算，最后由严世杰、高玉滨进行核对。由于投产时间紧迫，多元分离的理论计算又很复杂，王承书和钱皋韵等人运用数学上不完全自洽的简化计算方法求解方程组；非自洽解的结果就是与实际情况有矛盾，但从任务的要求来看，这样的计算结果可以解决实际问题。在原子能研究所理论研究室杨念如（钱皋韵的爱人）等人的帮助下，终于得出了物理上图像清晰、工程上已足够应用的结果，判断出净化能力已足够，回答了事先存在的疑问。经实验装置检验，实验结果与理论计算相符。工厂投入运行后，同样获得满意结果，使产品质量完全达到装料要求。

启动过程的动态研究

工厂的主设备有数千台，主工艺车间延伸一里多地，怎样使上千台机器联系起来连续运转？对这么一个机组的任何“干扰”，都会波及整个生产过程，使产品受到损失。因此，机组如何启动、如何取料才能尽早获得需要的合格产品，必须周密研究。王承书带领理论人员与工厂计算人员共同对工厂机组进行了深入调查和分析。

王承书立刻找到了问题的关键所在，如果能把机组从非稳态到稳态的过程计算出来，工作人员就可以通过计算结果与实际的生产过程进行对比，监控运行状况。

王承书和同事们设计了一个个方案，提出了用非自洽计算方法来计算动态变化，但极其庞大的计算量必须用计算机才能完成。当时全国仅有一台中国科学院计算所研制成功的15万次电子管计算机（代号104），它还肩负着许多重要的计算任务。于是在时间分配上，这台计算机首先要保证九院（现在的中国工程物理研究院）优先，国家气象预报第二，工厂排到第三，只能安排在晚上10点到凌晨6点，将数据送到北京中关村通宵达旦地进行工作。上机时，编程的计算人员是主力，王承书带领的理论人员进行配合，以及时分析和确定计算是否正确。如果程序通不过，理论组就必须聚精会神与计算人员一起分析原因，直到问题解决。

作为研究室副主任，王承书并不是坐等着看结果。她亲自带领年轻的段存华、诸旭辉等研究人员，用机械计算机做手工复核，检验结果的准确度。瘦弱的王承书一个手指力量不足，只得将右手中指压在食指上，一下一下地敲打按键，得到数据就马上记在笔记本上。如此枯燥的工作进行了一年多，仅有用的数据就装满了 3 只抽屉，电子计算机算出的 10 大箱纸条，她都全部过了目。

就这样，王承书带领理论组成员，在当时刚开始使用的电子计算机上对工厂机组的静态、动态，特别是对启动后的动态过程进行了大量的复杂计算，对建议的九批启动方案进行论证，数字计算，公式推导，白天黑夜……分批启动方案终于出来了。

1962 年底，中央批准了二机部的“两年规划”（《1963 年、1964 年原子武器、工业建设、生产计划大纲》，简称两年规划），决定在建国 15 周年时进行第一颗原子弹爆炸试验。任务迫在眉睫，工作计划都是按照原子弹爆炸的倒数时间表来安排，对于刚刚入党一年多的王承书来说，肩上的担子又无形地加重了分量。工厂远在千里之外的大西北，每次机组启动的关键时刻，王承书本人或团队成员都会赶赴现场，指导工作。

静谧的工厂轰鸣起来了。事实证明，运用这些计算指导工厂机组启动，为工厂生产方案的选择和动态下取料方案的确定，提供了重要的参考数据。经过近两年的努力，工厂终于在 1964 年 1 月 14 日终于生产出合格的高浓缩铀，提前获得了为原子弹装料的合格产品，为我国第一颗原子弹爆炸做出了贡献。

“假数据，真结果”

由于当时工作的特殊性，计算的笔记和资料必须存放在保密包中并由本人加盖自己的印章交保密室保管，取出和交回必须当面验证保密印完整无损。而中科院的104计算机是共用设备，为保密起见，所有数据都进行了加密处理。编程的计算人员不知道，上机的都是假数据，计算结果打印出来也是假数据，但王承书及团队必须在现场马上确定这些计算结果的正确性，这无疑又给他们带来了更大的工作量。“假数据，真结果”，考验的是理论人员的真本领，这都离不开王承书平日里的指导和培养。

王承书平时就要求理论组人员，在每一次用电动计算器计算出结果后，必须建立起物理图像，清楚记下在由几千台机器组成的机组中各个节点的丰度及其随时间变化的规律。有了这些功底，才能在上机时帮助计算人员找到出现错误的原因。

1989年12月，王承书陪同李觉副部长等领导视察科研工作

（左起：刘广均、李觉、周平、王承书、徐德禄、王杲）

这条丰度随时间变化的理论计算曲线图，这曲曲折折的线，不正象征着他们研究中曲曲折折的路吗？

对于工厂的铀浓缩工作，原二机部副部长李觉评价：

“我参加第一颗原子弹研制的组织工作，苏联专家撤走时曾说过，再过几年，扩散厂的几千台机器就要变成一堆废铜烂铁。我们当时也很担心，一是担心铀-235的丰度能不能达到90%以上，二是担心铀-235的纯度够不够，从某种意义上说，纯度的技术水平要求更高。但看到在王承书带领下生产出的浓缩铀-235时，我们放心了，因为无论丰度和纯度，都高于我们原来的要求，是质量很高的铀-235。”

2.5 比原计划提前 113 天出产品

根据原子弹（代号 596）研制的总体要求，必须在 1964 年 1 月份生产出高浓铀产品。按照原方案，从第 1 批启动到第 9 批启动，需要 337 天，显然不能满足在 1964 年进行首次核试验的要求，苏联专家留下的“9 批启动 7 批取的产品方案”必须改动。

在工厂的计算人员设想把原来设计需在第 7 批机器启动运行后才能生产高浓铀的方案，改为在第 5 批机器启动后，达到新的稳态时即可生产出合格产品，王承书看到新方案后极为称赞。并领导 615 理论小组进行了认真的分析计算，结果完全证实该方案可行，而且改动可以很小。新方案经二机部批准执行后，出产品的时间比原设计方案提前了 113 天，为生产出首次核试验的装料提供了时间保障。

1962 年 11 月，工厂主辅工程全部配套安装完毕。12 月 8 日，成批机组氟化处理正式开始，成批机组启动也即将进行，工厂的建设进入了决战阶段。这时二机部提出的力争在 1964 年进行第一颗原子弹爆炸试验的“两年规划”，已经获得中央批准。按照计划，前 14 个月是决战的 14 个月，二机部要求工厂提前生产出高浓缩铀产品。

王承书接受新任务后，便率领她的攻关团队，顾不上旅途的疲劳，手持那张薄薄的通行证，穿过戒备森严的警卫线，走进了神秘的工厂。

我国第一座扩散工厂启动阶段，面临着一系列急需解决的计算与控制问题，王承书再次带领理论组成员，开始了新一轮的攻关。她夜以继日、一丝不苟地指导着工厂分批启动运行的理论计算，一次又一次地对计算结果进行检查和认真分析，直至看到实测数据吻合理论曲线。

自 1963 年 5 月起，工厂机组将分九批启动。前四批取中间丰度产品，为后面的批次作为附加供料消化掉。从第 5 批机组开始，将正式开始取高浓铀产品，所以，第五批启动至关重要。

1963 年 12 月，第五批机组启动的前夕，王承书第 4 次到工厂指导分批启动工作。随着上千台机器启动的轰鸣声，计算科办公室里也热闹了起来。王承书心潮难平，在计算科静静等待。

技术人员在整张的方格纸上用红笔画好第五批理论计算的丰度变化曲线，再用蓝笔把每天实际取样丰度分析值画在同一张方格纸上，连成蓝色曲线，随着时间的推移可以看到内部丰度不断上升的情况。

分析实验室对取样分析的报告一到，技术人员就把一个小针插到绘图纸的相应位置上。第 1 批样品分析结果出来了，结果点在曲线图上，和原计算结果进行比较，完全吻合。第 2 批分析结果吻合，第 3 批吻合，分析结果的点分毫不差地落在线上。随着时间的推移，小针的位置逐步沿着曲线向上爬升，大家悬着的心随着小针的上升而逐渐落下来。紧张而寂静的办公室里逐渐兴奋起来，王承书抑制着内心的起伏，显得格外镇定自若，她要等到最后的结果出来。

又一批分析结果出来了。但这批结果点在曲线图上时，却偏离曲线较多。大家不禁焦躁起来，一丁点的偏离，都会导致难以设想的严重后果。然后，下一个取样分析的结果又回到曲线附近了，同时分析室报告：前一个结果有误。修正后的分析结果出来后，结果点再一次稳稳落在了曲线上，大家也放心了。

王承书和全体技术人员就是这样，白天守在计算科，晚上在招待所等电话，1964 年的元旦也是这样在工厂度过的。

最终，所有的取样分析结果都是完全吻合，第五批机组启动圆满成功。当看到蓝色曲线逐步上升最后将要和红色曲线重合时，

我国第一座气体扩散工厂的主机照片

王承书终于笑了。

在全厂工作人员共同努力下，终于在 1964 年 1 月 14 日拿到合格的高浓铀。中午 11 时 5 分，产品容器的阀门缓慢地打开了，蕴藏着巨大能量的高浓铀-235 自动流入容器。经过精心分析，产品质量全部达到标准，工厂取得了一次投产成功的重大胜利。当这一喜讯传遍全厂的时候，人们含着激动的泪水，无数双坚实勤劳的手紧紧握在一起，久久不愿放开。

1 月 15 日，二机部党组发来贺电，称“这是我部事业发展的一个重要里程碑，为我部事业的成功创造了必要的条件”。1 月 18 日，毛泽东主席在二机部给党中央的报告上批示：“已阅，很好。”——这是党和国家最高领导人对 504 厂全体工作人员和王承书团队的充分肯定。

总的来说，王承书及其团队对我国第一颗原子弹的装料作出了四个方面的重要贡献：

其一，为我国的铀浓缩事业培养了 20 多人的一批理论人才，保证了工厂生产出合格产品；

其二，经过计算和试验，按设计单位的要求，保障了产品的纯度；

其三，绘制产品丰度在生产过程中的变化曲线，保证了产品的丰度满足设计要求；

其四，对工厂提出的启动方案，经过论证和大量计算，比原方案提前 113 天出产品，从时间上保障了 1964 年 10 月我国原子弹首次试验成功。

2.6 国产装备的总设计师

1964 年的元旦对王承书和气体扩散厂的所有工作人员们来说是终生难忘的，伴随着第 5 批高浓铀提取成功，迎来了新的一年。

当人们沉浸在成功的喜悦，新的忧虑已涌上了王承书的心头：目前所用的机器都是国外的产品。要坚持独立自主、自力更生地发展核事业，我们需要丢掉洋拐棍，研制和生产自己的机器。

为了满足对浓缩铀不断增长的需求，1964 年初，国家决定筹建铀同位素分离研究所——华北六〇五研究所，正式下达研制大型国产扩散机的任务，任命甘柏为研究所所长兼党委书记。5 月，经二机部副部长兼原子能研究所所长钱三强的批准，王承书所在的 615 研究室划归华北六〇五研究所管理，并改名为华北六〇五研究所北京分部。不久王承书又被任命为大型国产扩散机的总设计师，同时兼第 1 研究室主任，钱皋韵和李铭阁被任命为副总设计师。二机部刘杰部长郑重而恳切地对王承书等人强调大型国产扩散机研制的重要性："这是咱们的生命线啊！"

在设计制造过程中，作为总设计师的王承书既负责全面领导，又亲自参加参数选择等工作。1965 年 4 月，王承书被任命为华北六〇五研究所副所长。她带领着一批年轻人，在充分总结前几年理论研究成果的基础上，进行了大量计算，迅速完成了物理参数和总体参数的选择，提出了对主要部件的物理设计要求。到 1964 年年底，新型扩散机的总体参数和结构已初步确定下来，1965 年进入试制阶段，1966 年研制方案由国务院正式批准。进展如此迅速，相当程度上归功于王承书及团队多年来在气体扩散领域奠定的坚实基础。

1966 年 6 月 14 日，周恩来总理主持召开中央专委会决定:“更要注意抓紧大型扩散机的研究制造和工厂建设。”在周总理的指示下，先后组织了 10 多个省的 100 多个单位协同攻关。该机到 70 年代后期正式定型，并于 1978 年获全国科学大会多项奖和国防科委特别奖。

研究和创新是永无止境的。为了进一步挖掘新型扩散机的潜力，1979 年 3 月，进行了改进试验，使单机分离能力提高了 33%，取得了新的突破。1979 年 12 月，第一机械工业部、第二机械工业部联合在北京召开了“新型扩散机定型会议”，通过了扩散厂运行验证和国家级鉴定。新型扩散机的研制，不仅为国内核燃料生产提供了重要装备，而且为气体扩散工厂提供了大量有参考价值的数据，把气体扩散技术推进到一个新的高度。

2.7 探寻同位素分离的多种方法

1950 年 5 月 19 日，中国科学院成立了近代物理研究所；1953 年 10 月 6 日，改名为中国科学院物理研究所；1958 年 7 月 1 日，改名为中国科学院原子能研究所，由中科院和二机部领导，以二机部为主。

1956 年 12 月初，王承书调到了物理所的理论研究室（四室）任研究员、副主任，从事同位素分离的理论和应用研究。

什么是同位素呢？物质由原子组成，原子的核心部分是原子核，由质子和中子组成。质子数相同而中子数不同的同一元素的不同原子互称为同位素。例如：氢有三种同位素，氕（H）、氘（D，重氢）、氚（T，超重氢）；碳有多种同位素，^{12}C、^{13}C 和 ^{14}C（有放射性）等。

早年张文裕在进入卡文迪什（Cavendish）实验室后，在书信中和王承书讲过老师卢瑟福（Ernest Rutherford）的成就，介绍过一些关于同位素的内容。卢瑟福被誉为原子物理学之父，于 1911 年提出了有核原子模型。1919 年，卢瑟福用 α 粒子轰击氮时发现有氢核发生，这是人类第一次实现原子核的人工转变。晚年时，他已能在实验室中用人工加速的粒子来引起核反应。

同位素在核工业中具有重要的应用。例如在核能发电中，需要使用到易裂变的同位素，如铀-235或钚-239。为了提高核反应的效率，需要通过同位素分离技术提高这些易裂变同位素的丰度。浓缩铀，也就是铀-235含量大于天然含量的总称，可用作反应堆的燃料、或核武器的装料，以及舰艇的核动力燃料。但是，自然界中铀的铀-235的天然丰度仅为0.720%，必须通过铀同位素的分离来提高铀-235的含量。

在原子弹的研制过程中，必须要借助技术手段把铀-235的丰度提高100多倍，才能满足装料需求。同位素分离技术之于两弹事业的重要性不言而喻。

电磁分离法

20世纪40年代初以来，铀同位素分离技术成为了全球关注的紧迫议题。1941年12月6日，美国正式制定了代号为“曼哈顿”的绝密计划（Manhattan Project），罗斯福总统赋予其“高于一切行动的特别优先权”。当时尚未确定最佳分离铀-235的方法，美国决定同时采用三种方法进行研究。从1942年起，美国建立了电磁分离、气体扩散和热扩散三种铀同位素分离工厂，成功生产了战争期间原子弹所需的高浓铀-235。

当时，电磁法同位素分离的研究在国际上已较为成熟，美国和前苏联都处于领先地位。在苏联的援助下，王承书带领团队对电磁分离法进行了深入的理论研究。但随着1960年中苏关系的破裂，苏联专家全部撤走，电磁分离的进行也遇到了困难。我方虽已向苏方付款定购了电磁分离器以分离稳定同位素，但对方拒绝交付其中的离子源、接收器、扩散泵和其他一些关键部件，更谈不上履行合同中的安装事宜。王承书在日记中写道，“好像是我们买了一支枪，但是交给我们的枪缺少撞针。”

没有这些关键部件，电磁分离器只是一堆废铁。但正如毛泽东同志在民主革命时期告诫全党的：“我们的方针要放在什么基点上？放在自己力量的基点上，叫作自力更生。我们并不孤立，全世界一切反对帝国主义的国家和人民都是我们的朋友。但是我们强调自力更生，我们能够依靠自己组织的力量，打败一切中、外反动派。”王承书对于毛主席的教导深以为是，她和技术人员们下定决心，要独立自主、自力更生地发展中国的原子能事业。

原子能所成立了一个专门的领导小组，负责设计和加工电磁分离器所需的零部件，并进行安装和调试。离子源研发组的十几个年轻人平均年龄才二十出头，在缺乏参考资料的情况下，年轻

电磁分离器

技术人员们就到其他研究和加工单位学习，夜以继日地工作。离子源零部件的加工工艺要求很高，需要在高真空中承受1000摄氏度以上的高温和几千伏的高电压。大家寻寻觅觅了一年，把初步设计拿到了工业基础相对较好的上海。当地工人得知这是为了国家的原子能工程，全力以赴支持这项工作。听说技术人员还没有切割硬金属的设备，一个加工珠宝的老师傅就自告奋勇手工切割和研磨所需的钨块。在社会各界的团结协作下，离子源研发成功，电磁分离器得以建成并稳定运转。三年后，专门用于加工关键部件的实验室建成了，电磁分离器安装调试，并投入了稳定的运转。在此基础上，大家持续推进技术创新，研制出了性能更优越的电磁分离器，我国在同位素分离领域的发展迈出了坚实的步伐。

电磁法的优势在于其通用性强，可用于几乎全部多核素元素，且分离力大、平衡时间短，目前该法已分离过50多种元素的稳定性同位素和放射性同位素。但是电磁法的缺点也很明显：设备复杂、耗电量大、成本高昂、产量有限。今天，大多数技术先进的国家已不再使用这项技术。尽管如此，电磁分离法曾在我国的原子能事业中曾发挥了重要作用。

旋转等离子体分离法

1967年，郭永怀推荐进行旋转等离子体分离技术的研究，随后，王承书开始倡导并组织有关人员进行旋转等离子体方法的情报调研及理论研究[1]。在参木翻译、王承书校对的《除扩散法

1 孟戈非．未被揭开的谜底[M]. 北京：社会科学文献出版社，2002:170.

外的法国铀同位素分离方法的研究》一文中，介绍了法国铀同位素多种分离方法的研究进展情况。法国的等离子体分离法研究于1969年开始起步，技术成熟得较早，逐渐形成了以此代替电磁分离方法的观点。70年代，美国开始重点开发旋转等离子体技术，并以此进行特种同位素的分离研究。在徐品芳翻译、王承书校对的《旋转等离子体的同位素分离》一文中，给出了用旋转等离子体分离铀同位素的基本原理。

化学分离攻关组组长

1969年底，二机部下达的重点科研攻关项目中，将化学分离铀同位素这一课题交给了华北六〇五研究所（即1964年初成立的同位素分离研究所），由王承书担任攻关组组长。从1970年开始，组织陈秋生、瑞世庄、宋金栋、苏友仁、李书芳、伍国贤、吕夺英、蒋桂玉、张承凯、严世杰等人员进行科研攻关。

所谓化学法，也就是用化学交换法分离铀同位素，其优势在于灵活性，适于小规模的生产。1958年，武汉大学和北京大学等单位都曾进行过这方面的研究工作。王承书翻译的文献资料，为此提供了有效的实验指导。例如京宁、江建平翻译，王承书校对的《离子交换法浓缩铀的新实验和评论》一文，展示了澳大利亚原子能委员会（卢卡斯高地）研究机构的哈迪（Hardy），是如何介绍离子交换法浓缩铀的新实验。在具体的实验过程中，王承书对试验体系的选择、树脂柱的填充、试验条件、参数确定等具体技术问题，提出了许多关键性意见，让大家少走了许多弯路。

在攻关组李书芳的印象中，王承书在工作中尤其强调创新精神。那是70年代后期的一天中午，在原子能所职工食堂回单位的路上，李书芳和王承书在那片必经的小树林偶遇，不禁回忆起化学法攻关组的日子。王承书鼓励李书芳，要在实验成果的基础上，大胆地发挥创造力，提出新的见解、新的观点，探究新的规律、新的思想和新的理论，这样才能让实验研究成果向理论研究成果转化，更上一层楼。我国第一本铀浓缩著作《铀同位素分离级联理论》，便是根据王承书1958年为数名北大毕业生的讲解内容而编著的。并且，她始终凭借科学家的敏锐洞察力，积极倡议和指导新的分离方法研究，并在“七五”（1986—1990）期间担任第二代和第三代铀浓缩技术专家组组长。

作为铀同位素分离国家重点科技攻关项目的专家组组长，王承书负责指导相关研究工作，提出了许多积极的、有实用价值的建议，带领核工业理化工程研究院的科研人员为我国核燃料循环中的铀浓缩技术的研究和开发作出了重要贡献。她还致力于培养核科技理论队伍，为我国造就了一批铀同位素分离和核聚变领域的理论骨干队伍和高级人才。可以说，王承书是我国铀同位素分离事业的理论研究工作的奠基人，为我国铀同位素分离事业贡献了毕生的精力。

当王承书已届耄耋之年，她还在不断学习、不断进取、不断拓宽自己的科学视野。她系统地学习可靠性、系统工程等相关知识，调研我国的核工业现状和未来发展趋势，不断地向主管部门提出一个又一个建议，写出一篇又一篇经济性分析报告，为我国铀浓缩事业的发展方向和重大决策提供了有力的依据。

第三章　求实篇

对于科技工作者来说，求实是内在的工作要求，是取得成功的工作方法。

科研工作中的王承书永远秉持着绝对的认真、严谨，所有的结论和判断，都必须拿出有力的论据；所有的数据，都必须经过仔细的计算与核对。而对于经过长期严密思考得出的结论，她敢于坚持、敢于据理力争。在气体扩散厂的浓缩铀工作中，在担任国产设备的总设计师期间，她深入一线去调研，掌握第一手资料，做出了第一流的科研成果。

王承书也把这份求实的精神传递给了工作的伙伴和身边的年轻人。她的要求是，物理概念必须要清楚，不能“就式论式”；要多做些个试验，以理论联系实际，练出真本领，解决工程中遇到的各种问题。

生活中的王承书，坚守着清白做人、明白做事的人生哲学和处世态度。身为世界级大科学家的她谦虚、随和、没有一点架子，和大家打成一片，那亲切大方、笑容可掬的形象，至今印刻在无数核工业人心中。

3.1 不能“就式论式”

王承书领导的615研究室的气体扩散理论组，是一个年轻人占多数的集体。王承书特别器重和喜爱年轻人，当发现年轻人在某些方面考虑不周时，她就会提出自己的建议，并从交流中发现有价值的东西。

1961年9月，一名叫严世杰的清华大学工程物理系毕业生分配到了615研究室的理论组。1962年初，王承书把自己刚刚写完的两篇研究报告的初稿交给他校核。

原子能研究所615室旧址

作为毕业不久的大学生，能得到领导的信任，严世杰心里很高兴，因此他看得格外认真。审校其中一篇王承书和钱皋韵合著的论文时，严世杰在进行公式推导过程中发现有的地方不对，就去王承书办公室进行请教。两人一同进行推导，发现原文是对的。文中，王承书用简化的计算方法求解方程组，可满足工程上的需要，这是根据实际情况的创新。严世杰的数学推导并没有错，但却忽略了实际的因素，而存在物理概念方面的问题。

对另一篇论文，严世杰本也怀疑有误，结果也是同样的情形，原文仍是对的。严世杰后来回忆起此事，不禁感叹："这两次的体会太深刻了，我知道，科研工作不仅要勤于思考，还要有非常细致的，非常严谨的学风，这样的经历，胜过许多口头批评，真是终生难忘！"

王承书与严世杰在讨论问题

通过这件事，王承书发现严世杰的数学功底非常好，但面对复杂的科学技术问题，更要全面、细致地进行分析。因此，在以后的工作中，王承书经常要求年轻同志先弄清楚物理概念，再进行数学计算，解决研究工作中遇到的实际问题。

由此，王承书将“就事论事”这个成语引申为“就式论式”。她常常告诫科研人员，“不能就‘式’论‘式’，搞研究光知道结论不行，必须搞清楚产生结论的内在规律，才能举一反三，才能判定哪些数据是不可缺少的，哪些数据是可以省略的。在科学的天地里，离开了严格和认真，将一事无成”。王承书一方面以身作则，同时也鼓励学生培养严谨求实的科研态度。

不能“就式论式”，说的是不能仅从事物的表面现象进行孤立、静止和片面的分析和讨论，要全面地看待问题。只有这样，才能把科研工作做到实处。

3.2 笨鸟先飞去调研

王承书为人十分谦虚，无论对年长的、资历深的同志，还是同辈或年轻人都是如此。她常常说：“我自己没有多大本事，能对国家做一点事情，就是靠‘笨鸟先飞’。”这虽是一句自谦的话，但也从一个侧面反映了她超过常人的勤奋的求实精神。

在扩散厂方案的攻关过程中，王承书对提出的众多方案都会给予关注。计算机印出的纸条有几十箱之多，虽有工作人员负责验算，王承书仍坚持要亲自验证一下方案计算的全过程，自己上机计算。当时的计算机操作起来很费劲，她用一个手指按不动键盘，就把两个手指交叠起来按。尽管算同样的课题要比别人消耗更多的体力，但她依然把两个方案清清楚楚地算完了，心里这才有了底。

在 615 室，王承书在指导大家“如何正确书写论文中数据的‘有效数字’”这一问题时，也强调了实地操作的重要性。研究室里很多刚毕业的研究人员把计算结果或试验结果的数据位数写得太多，为此，王承书告诫大家：要根据测量仪器仪表的精度进行误差分析，得出试验结果测量误差后，再根据误差大小决定有效数字的位数。

王承书与黄更生和王淑琴在讨论问题

（右起：王承书、黄更生、王淑琴）

对于 615 理论组的成员们，王承书提出了一个要求：搞理论工作不能从理论到理论，更不能满足于推演数学公式，而是必须要做到数学建模结合物理图像，最后能以物理图像来解读理论结果，这样的理论对工程技术的实践才有指导作用。数十年来，她在不同场合反复强调这个指导思想。长期和王承书合作的钱皋韵是搞实验物理的，他发现自己关注的往往是具体数据，试验不成功，就换一个参数条件，其实不免有随机性。于是就重视起了实验数据对理论模型的反馈作用，避免了理论的局限性。

其实以王承书的聪明才智，绝不是所谓“笨鸟”，但对于她来说，这份实地调研、勤奋求实的“笨功夫”却是非下不可的。有此做基础，才能在科研之路上飞得高、飞得远。

3.3 “搞科研，要多做些个试验”

中国工程院院士陈念念在回忆王承书对他的影响时，印象最深刻的就是王承书常常念叨的那句：“搞科研，要多做些个试验”。几十年过去了，陈念念依然忍不住模仿起王承书的京腔，仿佛一下子回到了那段和团队齐心协力、集智攻关的日子。

原子弹试验成功后，国家下达了研制国产大型气体扩散机的任务，王承书被任命为总设计师。在周总理的亲切关怀下，在二机部领导的重托下，王承书迅速带领团队提出了各种部件的设计要求。然而，“文革”的浩劫降临了，出身名门、留学美国的王承书也被怀疑和审查，于是只得半天劳动、半天工作。在被无端审查的日子里，她仍然在不停地琢磨着工作：虽然大型气体扩散机的关键部件之一动密封通过了单台试验，性能良好，但究竟能不能顺利定型？

1974 年初的一天，二机部第三研究院（原华北六〇五研究所）所召开会议，商讨定型问题。当时二机部、国防科委、国防工办的许多领导都来参加会议，大有就此定型不可的架势，因为在当时，这被认为是科研方面的一项重大突破，主讲人也顺水推舟。大部分设计人员觉得定型时机不成熟，对于急于定型，不少科技人员并不赞同，只苦于没有申述看法的机会。陈念念院士回忆当时的情景，虽也有感到定型有点早，但在当时的氛围中，并不敢发言。

王承书和青年工作者讨论问题

（左起：过松如、陈念念、吴映虹、王承书、郭顺连、诸葛福）

这个时候，坐在前排的王承书拿出了自己的意见。她抱着对祖国负责的坚定信念，坚持实事求是的科学态度，顶着压力，大胆地提出了异议。王承书本着对国家负责的实事求是精神，首先肯定了动密封部件研制中的成绩；然后着重指出，在实验室过关的技术和工业应用之间，单机试验运行和数以千计的装置长期运行之间，是有很大差距的，还有许多工作要做定型的时机不成熟。希望再给半年时间，在部分设备上扩大试验后再定型。王承书言之凿凿、字字有据，她坚持着严谨、求实的科学精神，在“假大空”炉火正旺的时期顶住了虚夸的风气。王承书的意见言之有理，获得与会者和主管部门的赞许。后来的事实证明，经多次扩大试验，动密封确实不具备工业生产条件，从而避免了因决策失误而给国家造成的损失。从这件事可以看出，王承书是何等的学风严谨、认真负责，在学术问题上坚持实事求是，绝不随波逐流。

陈念念院士在总结王承书留给自己的财富时说：“我这么多年做科研工作，基本上都是按照先生讲的路子走的。先弄明白理论，这样工作才能避免盲目性，但不要追求把理论做完美了再试验，要抓紧试验。试验不仅检验你的理论，更是为工程做准备。我们的工作终究要为工程应用服务，理论不可能一下子就变成一个大工程，试验就是其中的桥梁。试验越多，工程才能越扎实。”

多年以后，为了纪念王承书，陈念念院士将核理化院青年论文报告会命名为“承承杯”，亲自策划和主持。希望年轻一代继承王承书先生的家国情怀和严谨治学，把这份精神代代传承下去。

3.4 材料研制去一线，电机攻关到现场

扩散机研制过程中，对许多部件和材料有特殊的要求，需要全国的大力协作。王承书经常深入到一线，去了解一些材料性能和生产过程。

在压缩机的研制中需要一些特殊的铝材。王承书把她获得的有关材料参数，工工整整地抄写给王杲研究员，有 10 多页纸，对材料参数选择很有帮助。这些写参数的纸张，王杲一直保存了好多年。

电机也是一项重要的设备。在电机攻关的紧张时期，大家经常吃过晚饭后，加班到深夜，在攻关现场，经常能看到王承书去了解进展情况的身影。

在电机的研制过程中，电机隔套的散热问题是一个亟待解决的技术难题。1974 年初在国产扩散机的研讨会上（7401 会议），各方就当时正在攻关的电机隔套散热问题争论不休。隔套的研制单位是北京塑料研究所，负责提供圆桶，再由康庄的 251 厂缠绕玻璃钢，最后经过精车加工成型。研究单位与生产单位就细节问题各抒己见、争论不休。基于各方面提出的问题和意见，于是王承书决定与参与会议的院领导及时任二机部科技局处长的段存华

一起前往 251 厂，实地了解情况，次日清晨就出发了。

王承书（右）在鞍山钢铁公司的高炉旁了解特种钢的冶炼情况

在厂区，251 厂相关负责同志带领大家实地参观并详细讲解了情况。王承书等人由此了解了各项技术的关键数据，掌握了第一手资料。在后续的会议讨论中，王承书针对前期争议进行了详细分析和论述，从而使问题得到妥善解决，这份严谨的科研态度给大家留下了深刻的印象。

3.5　谦和的“王老太太”

1964年，原401所的615研究室改为华北六〇五研究所北京分部，由位于天津的华北六〇五研究所管理。进入上世纪80年代，新来的年轻人们听到了大科学家王承书的另一个称呼：王老太太。人们经常会说：王老太太说过，这类问题应该从这几个方面考虑，那个问题应该从那几方面论证。王承书在同事中非常谦虚随和，没有一点架子，日常中就是一个和蔼可亲的“老太太”。

1965年的时候，华北六〇五研究所北京分部的工作区和生活区相隔较远，集体宿舍位于生活区新区东南角，而工作区又在最远的西北角，需要走半个多小时。当时只有少部分人是骑自行车的，相当一部分人还是走路上下班，这对于大多数年轻职工当然不在话下，但年过半百的王老太太，竟然不坐单位给专家提供的班车，上下班跟年轻人们一起步行。虽然王承书的家就在北京，她也只是一周回去一

王承书证件照

次，组织上专门配了一辆东方红小轿车给王承书通勤上班，但她还坚持住在集体宿舍里，每天和年轻人们一起走着去上班。

王承书一家与姐姐合影

吃饭的时候，“王老太太”也是和大家一起排队买饭。其实著名的老科学家和国外专家是单独有一个专家食堂的，中西餐都有，饭菜质量也好。但是王承书从来不去专家食堂吃饭，一直坚持在普通职工食堂和大家一起排队买饭，于是大家伙儿都与她熟识。

华北六〇五研究所北京分部盖平房的时候，大家都去帮忙敲旧砖上的水泥，“王老太太”也加入了。大家都劝道不要干了，她却说：“没事，敲一块少一块。”年轻人们在院内打羽毛球打得正酣，“王老太太”也来观战。突然“砰”的一声，球飞到左眼上，眼镜碎了，眼睛也伤了。众人“呀”的一声，立刻鸦雀无声、屏住呼吸，连忙把王承书扶起。王承书只是慢慢地说：“没关系，我还有一副备用眼镜，你们继续打球吧。”轻轻几句话，安抚着众人忐忑不安的心情，那宽厚的胸怀和言行感动了大家许久。

王承书晚年照片

“王老太太”不仅宽厚，还热情帮助同事。有些同志家在农村、条件不好，有些年轻人工资比较低、生活困难；无论科研人员还是工人，王承书都伸出援手，或给、或借，帮同事解决困难。对待后辈，王承书更是慈爱善良，职工的孩子们都亲切地称她“王奶奶”。当时，大人们到了晚上经常安排政治学习，做妈妈的经常不得不带着孩子参加学习。小孩子耐不住枯燥闹着回家，王承书就拿出准备好的荔枝说：“别闹了，我有奖励，每人一个。”孩子们就立即平静了。之后每到晚上的政治学习，王承书都会准备一些糖果、零食安抚孩子们，给他们幼小的心灵中留下了深深的印象，许多孩子多年后仍能清楚记得。在“文化大革命”中，无数专家、领导都受到了批斗，但与王承书共事过的人几乎没有批判王承书，没有任何不尊敬她或伤害她的行为，可见王承书在大家心中的地位。

多年以后，当时的年轻人撰文悼念王承书时，虽然他们自己也已老去，但那亲切的、平易近人的王老太太的形象永远是那么鲜活，仍然在夏天热闹的晚上，和大家一起谈笑、散步。

3.6 离开一线后的日子

1978年，二机部刘伟部长拒绝了王承书“缓期执行”的请求，本着为王承书的身体和年龄的关系，下达了“立即执行”的指令——时年66岁的王承书无奈离开科研一线，走进了位于三里河的灰色的二机部机关大楼，时年66岁。

在人们的印象里，王承书先生是个谦和的老人家。每次电梯来时，即使已经站到了前面，她也要后退几步，让后面的人先上，并轻声说一声：“我在三楼，你们先上！”每次下电梯时，王先

王承书获政府特殊津贴的证书

生会向开电梯的工作人员点点头，轻轻说一声：“谢谢！”

1979，王承书已在二机部科技委工作，但仍放不下她开创的同位素分离研究，每年都会专程到她一直工作的核工业理化工程研究院了解科研工作的进展，和大家一起讨论具体技术问题。瘦瘦的身材，干净朴素的服装，平和的笑容，一头灰白整齐的头发，在会场中显得既平凡又与众不同。讨论问题时，王承书总是极其专注地倾听每一位科技人员的发言，不时地在笔记本上记下要点，字体隽秀整齐。她的发言往往紧扣主题，抓住主要问题的核心，把一个复杂的问题分解成几个层次，分别提出解决的思路或者新的方法。一场讨论下来，解决问题的方案也就完整呈现出来了，让大家都能清楚地理解下一步的工作方向。

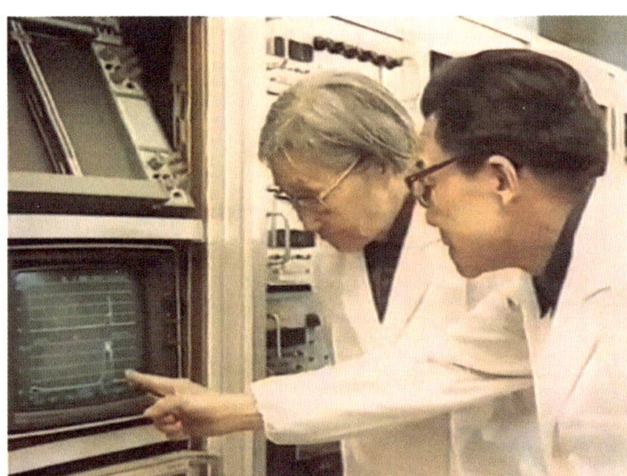

王承书与钱皋韵在实验室

一次，她在核理化院院长钱皋韵和院科技处、七室领导的陪同下来到核工业理化工程研究院的113实验室，看这里进行的机电实验。进来后大家都站起来打招呼，王承书赶忙说，“别动、别动，继续做你们的实验”，生怕惊扰了科研工作。钱皋韵院长就陪着王承书走到频谱分析仪前指着屏幕上的图像仔细介绍，她非常认真地听着，不断询问着，对最新的研究进展十分牵挂。

王承书与钱皋韵在试验现场

1989年，已经快80岁的王承书到北戴河开会，中间休息一天，代表们都出去放松游玩，她却在房间里认认真真地审查《核工业军工史》稿件，写了密密麻麻的两页修改建议。退出科研一线后，王承书那份认真求实的钻研劲儿丝毫不输以往，并且深深地感染着后辈的科研人员们。

3.7 用科学家的严谨对待每一件事

王承书的严谨态度不仅体现在科研工作中，她对待每一件事，都是百分之百地认真准确、一丝不苟。在高玉兰撰写以王承书为题材的报告文学《通向成功之路》《铸就理想的丰碑》的过程中，就深深体会到了这一点。

当高玉兰拿着政工办的介绍信到王先生办公室说明来意，起初王承书似乎并不是很欢迎。她说："我不喜欢接受采访，上次一个记者采访后，把我写得缠缠绵绵的，我很生气。"高玉兰告诉王承书，自己不是记者，是矿冶局的工作人员，部里要宣传核科学家的事迹，这是部里交付的工作任务，写的是报告文学，以尊重历史原貌为旨要："您不同意的东西，我是不会写的。"听到这样说，又认真看了介绍信后，王承书便非常地配合。

当时没有录音机，王承书一边说，高玉兰一边记。王先生从自己的出生讲起，讲到她的家庭、求学、留学，回国、参加第一颗原子弹装料研制的经历，每个时间节点都清清楚楚，就这样平和地、慢慢地娓娓道来。

为了便于王承书修改，高玉兰用 A3 大小的老式稿纸抄写完成了初稿，请王承书审阅。在认真阅读全文之后，王承书并没有在原稿上修改，而是用横格本上的纸密密麻麻地写了好几张具体的修改意见。例如，高玉兰原文写道“她出生不久，举家迁到了北平”这一句。采访时，王承书说的是北京，大家印象中新中国成立前北京一直是叫北平的，许是王先生习惯说成了北京，于是还是写作“北平”。王承书纠正说，她家迁来的时候叫北京，后来才改成北平，历史上确实如此，1928 年北伐战争后，北洋政府退出历史舞台，国民政府定都南京，改北京为北平。

再如，王承书讲到她家对门两个小姑娘上学对她们姐妹的影响，高玉兰笔下加上了动作：“王先生和姐姐靠在门上，看着对门的两个小姑娘背着书包，欢天喜地地去上学……”王先生修改时提到，在她们那个封建的家里，女孩是不许靠在门上的，这个动作加得不准确。

除了关于自己的文稿，王承书的这种严谨体现在时时处处。一次，王承书被车撞伤了，高玉兰去她家看望，进门后问道：“王先生，听说您撞车了？”王承书立刻纠正道：“不是我撞车了，是车撞我了。”说完两人都笑了。也许正是因为这份严谨的求实态度对高玉兰的影响，才让《通向成功之路》和《铸就理想的丰碑》成为经典的记述科学家的报告文学。

第四章　奉献篇

科学离不开奉献精神。那是为科学的无私付出、是面临抉择时胸怀大我、舍弃小我，是几十年如一日甘坐“冷板凳”的意志坚守。对王承书来说，那是一生的投入。

王承书夫妇曾在国外时分别在各自领域取得了耀眼的成就。回国后，为了祖国的核事业，他们依然聚少离多，顾不得家。当王承书开始转入气体扩散研究之时，张文裕也被长期派往苏联杜布纳联合核子研究所工作；归来后，他不清楚妻子 1961 年到 1972 年期间干的是什么工作，真正做到了保密到家。

为了祖国的核事业，王承书将自己所能给予的一切都奉献了出去，却不求任何回报，不求名、不求利，她的身影隐没在了西北的风沙中，她的名字也消失在了学界的期刊中。然而，她却觉得自己做得远远不够。

4.1 “高能”伉俪，聚少离多

王承书和她的丈夫张文裕，是我国核科学史上一对传奇而动人的科学家夫妇。是执着的追求使他们发现了彼此，从此一生携手于核物理领域。在科学长空，他们的名字互相辉映；在他们的情感世界里，不仅有爱还有融合一体的理想。然而，他们的一生之中，真正相聚相守的时间却并不多。

王承书年少在何园

和出身名门的王承书相比，张文裕的家庭要贫穷得多。在福建惠安荒僻的小山村里，风雨飘摇的家庭难以养活张家的一大群孩子。父亲希望张文裕休学回家，帮他分担一些生活的重担。学校的老师们决心帮助聪明伶俐、好学上进的张文裕，为他筹到了一笔为数不多的奖学金，得以进入离家60余里的培元中学继续读书。张文裕一边做工，一边读书，最终凭着一次又一次艰难的拼搏，历尽艰辛考取了燕京大学物理系。在这个贵族子弟云集的教会学校，张文裕历尽了辛酸和苦难，但却凭借自己不懈的努力，走上了燕京大学的讲台，深受学生们的喜爱。渐渐地，他发现总有一个聪明漂亮、勤奋好学的女生在课上注视着自己，下课后常来请教一些学术问题，那便是王承书。家境优裕、一直在顺境中长大的王承书慢慢了解了张文裕的坎坷求学经历，对他的奋斗精神尤为钦佩，爱情的种子在两个年轻人中间悄悄发芽了。共同的理想和追求，使两人的心越贴越近。不久，两人联名发表了好几篇论文，《大气电位梯度的自动连续记录》《萨金特曲线与核贝塔衰变理论》等等，他们并未终日沉醉于卿卿我我，而是将爱情变为动力，在各自喜爱的学术领域不断拼搏。

1934年夏天，张文裕以全优的成绩考取了剑桥大学的研究生，王承书则在燕京继续完成学业，这意味着两人将天各一方、一别几年、很长时间不能见面。张文裕将对祖国、对爱人的思念深埋心底，将全部精力都投入到对核物理科学的探索中。他成为了原子核物理学的奠基人卢瑟福的学生，迅速在核物理界崭露头角，并于1938年6月获得剑桥大学博士学位。

此时的中国正在全面抗战，消息传来，张文裕心急如焚，决定尽快回国。为了多学一点本领报效苦难的祖国，回国途中他专程到柏林学习了半年探照灯的研制工作，然后取道河内回到了昆明。王承书也历经颠沛流离、从贵阳的湘雅医学院赶到了昆明，两个饱尝了相思之苦的年轻人终于相聚在一起。在著名物理学家吴有训的主持下，张文裕和王承书在昆明一家旅馆里举行了一个简朴的婚礼。

时局动荡，夫妇二人一身本领却觅不到用武之地。机缘之下，二人决定先出国深造，学成后回来报效祖国。1941 年，王承书争取到巴尔博奖学金，前往美国密歇根大学深造。

王承书与张文裕结婚时与好朋友合影

（左 1 王承易、左 3 伴娘何祚慎、左 4 新娘王承书、左 5 主婚人吴有训、左 6 新郎张文裕、左 7 伴郎沈培孙、左 8 表弟何祚雍）

1943年，在第二次世界大战战火正酣的时候，张文裕几经周折也到达美国。王承书和丈夫这次短暂的重逢后，留给两人的又将是长长的别离。王承书就读的密歇根大学位于芝加哥附近的安娜堡，张文裕工作的普林斯顿大学则在纽约近郊。两地的相距之遥使他们不能经常见面，只有在逢年过节时才能相会。这对新婚夫妇为了前程，为了学成后报效祖国，又开始了长达7年的分居生活。几年的刻苦学习，王承书获得了密歇根大学物理学博士学位。由于她在稀薄气体研究领域中取得的一系列令世人瞩目的成就，她在国际理论物理学界已颇有声名。张文裕也受聘在普林斯顿大学当了7年的客座教授。1950年，两人的儿子出生了，张文裕也来到了距安娜堡很近的印第安纳州的普渡大学任教。经历了7年分居生活，张文裕和王承书终于拥有了一个温馨的家。

如果说王承书在动理理论方面的研究贡献是世界一流，那么张文裕在他所从事的宇宙线介子与核子领域也堪称先驱。张文裕于1949年宣布发现了缪原子，引起了国际物理学界的震动，这对研究原子核结构具有十分重要的科学意义，也直接启发了杨振宁、李政道、吴健雄等中国著名的物理学家。科学家们在美国哥伦比亚大学的世界第一台强流高能加速器上所做的实验证实：负缪子在原子核旁边周围确实有轨道，在轨道间跃迁时能辐射，可以成为一个临时的原子；并建议把这种原子命名为“张原子”，相应的辐射为“张辐射”。

尽管在国外的一切看起来如此美好，却始终难以改变王承书和张文裕对祖国的牵挂。1956年，夫妻二人历尽辛苦终于踏上了祖国大地。他们为新中国成立后翻天覆地、日新月异的变化感到由衷的高兴，恨不得立即为新中国的建设添砖加瓦。周恩来、邓小平等中央领导同志在中南海亲切接见了他们，他们仔细询问了他俩在国外的研究和生活情况，勉励他们为祖国的科学事业做出自己的贡献。张文裕来到了中国科学院原子能研究所，担任宇宙线研究室主任，同时兼任中国科学技术大学教授和《中国科学》《科学通报》的副主编。在漂泊几十年后，终于回到祖国的怀抱，能够把学到的全部知识和工作经验贡献给自己深爱的祖国，张文裕感到无限的欣慰和自豪，他立即开始为我国高能物理的研究到处奔走。

王承书与张文裕在美国

1961 年初，张文裕接替任期届满回国的王淦昌担任中国组的组长，到苏联杜布纳联合原子核研究所工作。为了国家需要，王承书立即把儿子张哲送进了寄宿学校，率领她的攻关小组，开展原子弹高浓铀装料研制。

在美国，为了事业，王承书和张文裕分在两地各自从事自己的研究；回国后为了事业，又长期不能团聚。两年来的时间里，王承书那瘦弱的身体多少次地往返于北京和大西北之间。1963年年底，攻关进入了最后阶段，就要胜利在望了。在苏联杜布那联合研究所工作的张文裕好不容易盼来了一次探亲机会，可王承书来不及等到和久别的丈夫见上一面，就和助手带上研究成果匆匆踏上了西去的列车。

从 1958 年 10 月到 1978 年 6 月期间，20 年的时间里，除了到外地短时间出差外,工作日里王承书就在单位的单身宿舍里住。一般只有星期六才和大家一起坐班车进城回家，星期一乘班车上班。作为专家配给她的小车，她从来不用。

王承书晚年是这样说的：

“我的生命也许不会太长了，对于每个人来说，生命本身就是一种消费。在我这一生中，事业占据了我整个生命的三分之二，为此，我失去了一个女人应给予家庭的一切。但是，我并不后悔，因为，作为一个女人，事业和家庭是很难两全的……”

4.2 为国铸盾，为家筑爱

为了祖国的国防事业，王承书在家庭上作出了很大的牺牲。作为母亲，王承书非常爱自己的儿子，孩子在她心中的份量是很重的。要让儿子张哲熟悉自己的祖国——这也是王承书冲破重重阻碍，回到祖国的初衷之一。张哲上小学时，为了能让儿子参加北海的少年科技馆的活动，她来到科技馆苦苦请求。由于孩子太小，科技馆不好破例。王承书又跑回中关村的家中，拿上儿子做的模型，返回到馆内做工作，终于使科技馆破例收下了这个小学生。作为一个母亲，王承书对儿子有着深深的歉意，但作为党员干部，儿子没有沾上她一点儿光。当张哲对考研究生望而生畏、不敢涉足的时候，她以母亲的慈爱鼓励儿子勇敢地去考，而且告诉他，“考而后知，不考怎么知道你行不行？”张哲在她的鼓励下应试了，而且考上了，终于进入了中国科技大学研究生班。王承书总是鼓励儿子奋发进取，用自己的聪明才智去摘取成功的果实，这是她作为科研工作者疼爱孩子的方式。

王承书也十分疼爱儿媳郭旃，还特别喜欢小孙子张旆。上世纪 80 年代后期的冬天，王承书每天晚上都要亲自到小区门口接放学回来的小旆。小旆上完课回家，只要是见到小区门口一个瘦瘦、高高的身影，就会老远地飞奔过来，笑着跳着扑到奶奶的怀里。王承书微笑着说，我就怕你把我扑倒啊。说完，一老一小手拉手，边走边说着走回家。小旆给王承书带来了很多的快乐，或许在他的身上，王承书找到了给儿子张哲的些许弥补。

幸福的一家人

（左起：郭旆、王承书、张哲、张旆、张文裕）

4.3 保密到家

王承书身负重任，可家里对她的工作却不甚了解，只知道她忙的不可开交，常年住单身宿舍，吃大食堂，一星期忙的电话也很少往家里打。就连星期六回家，也是抱回一包材料，一头扎进去，就是一整天。难怪儿子抱怨："妈妈好像不是这个家的人。家里什么事也不管。"是啊，作为一项重大工程的总设计师，她没有太多时间和精力放在儿子身上，一种强烈的事业心和责任感在她心底升腾，一心一意扑在事业上。

自 1961 年王承书投身铀浓缩研究以来，为了保密，她从学术界隐身了，从此在国内、国际的物理学术殿堂销声匿迹，再没在学术刊物上发表过论文，连给学生们的论文或著作审校时也不愿署名。

1964 年，王承书担任大型扩散机总设计师，扩散机代号"4 号机"。王承书承担此项工作多年，严格执行保密制度，对家人从未提起过。

当张文裕于 1964 年从苏联回国后，开始提出建立我国高能物理实验基地。1973 年 2 月初的一天，张文裕和当时的二机部副部长刘伟谈组建高能物理实验基地的工作时，刘副部长对他说：

"你叫王承书好好抓'4号'。"刘伟副部长是江西兴国县人，讲的是客家话，他的话让张文裕莫名其妙，但也不便多问。

王承书与丈夫张文裕在研究问题

张文裕讲话带有浓重的闽南口音，回到家里，就对王承书说："刘副部长叫你抓'四好'，奇怪，不是说不搞'四好''五好'了，怎么又让你抓'四好'？"

王承书笑了。张文裕把"4号"听成"四好"。当张文裕知道自己的妻子竟然是"4号"新型扩散机的总设计师时，开怀地大笑："好呀，保密工作做到家了！"

望着丈夫那为妻子自豪而泛起红光的脸，王承书心里却涌起一种难言的内疚。作为妻子，作为母亲，她奉献给这个家的是太少了。

她是妻子，不乏温情；她是母亲，充满母爱。

然而，她更是一个科学家、一个中国共产党党员。她的心中有家、有爱，更有一份永恒的事业。

4.4 “我怎么能怠慢，不全力以赴呢？”

1972 年 12 月，国务院和中央军委批准在华北六〇五研究所的基础上，组建第二机械工业部第三研究院（现核工业理化工程研究院）。1974 年，在新组建的研究院里，王承书被任命为副院长（当时称革命委员会副主任），主管设计工作。王承书除继续担任总设计师外，同时负责北京分部的科研工作，以及其他新分离方法的研究与开发工作。

王承书很明白，为祖国效劳不能在原地踏步。所以她一直关注国际上铀同位素分离的发展动向。70 年代后期，她一直积极推动先进技术进行工业应用的基础研究。

1976 年 7 月 28 日，唐山发生 7.8 级地震，波及了位于天津的二机部第三研究院。当天，王承书正在研制基地指导工作，地震发生后，她没有马上离开，而是等待抢救工作结束，职工得到妥善安置后才离开。

回到北京分部后，王承书仍不放心研制基地的试验工作。研制基地的相关厂房已经倒塌，王承书不顾余震的危险，带领段存华，严世杰和诸葛福等团队主要成员，第二次来到天津的二机部第三研究院，察看受灾情况，和有关方面商讨抢救方案。

晚上在招待所继续讨论时，突然发生了第二次强烈余震。招待所不能住了，院内职工都有自己搭好的防震棚，他们没有防震棚。院里的同志就找来一辆吉普车，让王承书等 4 人一起挤坐在吉普车中过夜。第二天一早，王承书又坚持工作，直到工作安排都满意后，才带着大家一起回北京分部。

王承书在回忆回国几十年的工作时说："说真的，我 40 多岁才回国，我的青春年华大多耗费在美国，我对祖国已经负债很多，现在国家又这么信任我，把这么重要的工作交给我，这在国外是无法想象的，我怎么敢怠慢，不全力以赴呢？"

4.5 一双上海女皮鞋

上世纪 70 年代初的一天，核理化院的何裕国刚来北京分部的小院儿上班时，带来了一双新的女皮鞋。他说，这是他到上海出差时，给自己的爱人买的，但是他爱人穿着不合适。何裕国就想让单位的女同事们看看，有没有谁看中，就转卖给她。新皮鞋很好看，可一时无人购买，瑞世庄提议让王承书看看，她的旧皮鞋早该换了。

过了一会儿，瑞世庄回到办公室告诉大家，“老王”穿着合适，她要了，还说这双皮鞋这么好。就这样，王承书总算有了双新的上海女皮鞋。但是核理化院北京分部的小院里，大家却一直没见过王承书穿上这双新鞋，她的脚上仍然是那双已经退了颜色的黑靴子。

1971 年 8 月 4 日晚 7 时许，周总理在人民大会堂会见并宴请杨振宁，张文裕和王承书夫妇应邀去作陪。据瑞世庄说，这次“老王”陪总理会见杨振宁，就是穿的那双新皮鞋，也是她第一次穿上那双鞋。

王承书还说，他们一边聊天、一边等候总理时，杨振宁看见了那双新皮鞋，就问哪里产的，真是不错！言外之意似乎是中国做不了这么好的皮鞋。王承书就告诉他，“这是我们上海产的皮鞋。”

“我特意加上了我们上海，我说了这些话，心里还觉得挺得意的。”王承书说道。

王承书夫妇与邓稼先和杨振宁合影

（1971 年友谊宾馆，左起：邓稼先、王承书、杨振宁、张文裕）

大家听了，不禁七嘴八舌地议论起来，何裕国这双皮鞋还为国争光了呢。

王承书就是这样一个对工作高标准、严要求，对自己生活则低标准、低要求的人。她的生活简单朴素，每餐只吃半个馒头或半份儿米饭，有时只吃半个菜，中间从来不加餐。她的家里简朴而整洁，只摆放一些简单、实用的家具。夏天脚上一双塑料凉鞋穿两三年，一件蓝灰色上衣洗了又穿、穿了又洗；虽已洗得褪色，可总是平平整整的。就像北京分部的同事们看到王承书一年到头总是穿着那双从美国穿回来的黑靴子。虽然已经磨损得不像样了，可王承书还是天天穿着它。从美国回来这么多年了，从未见王承书穿什么新衣服，大家印象深刻的是她那条长长的黑裙子，加上她那消瘦的身材，展现出了“智识”女性独特的风采。王承书穿着虽然都是半新半旧、平平淡淡。但是很整洁，不落俗套，很有品位。

但一有同事遇到困难时，王承书总能毫不犹豫伸出援手。有一段时间，她每月拿出 100 多元帮助一位得了癌症、生活困难的同志，直到那位同志去世。每逢救灾捐款之类的事情，都是她捐得最多。

同事们回忆起往日的情景，仍然觉得好像是发生在近前。大家每天都会碰到“老王”，总是亲切地上前去跟她打招呼，她也总是微笑着点点头。凡是和王承书有过接触的人，都能体会到她在日常生活中展现出来的朴实无华，只是润物细无声地奉献着自己。

正如段存华在接受《环球人物》记者采访时说的，王承书是“有福不会享，有钱不会花，有权不会用，一生为国奉献”的“纯粹的人”[1]。

1　鄢斌 . 王承书纪念文集 [M]. 北京：中国原子能出版社，2022:183.

4.6 “我这双眼睛还值 6000 元吗？”

1992 年下半年，王承书生命垂危，住进了医院。

常年不倦地工作，使王承书积劳成疾，患有多种疾病，但她却因忙于工作，从不主动上医院，以致这次因哮喘和心衰急诊住院时，医院却找不到她心脏病的病历。

王承书太瘦弱了，病床显得那样的空旷。刚刚度过病危的王承书没有一丝的颓丧，依然是那样乐观和坚强：“马克思没有要我，又把我退回来了。”她豁达地对看护她的人说。久病的王承书已根本没有食欲，可她知道要战胜病魔就得进食。“来，我再吃一个馄饨。”她像对待一道难题，“看，又吃了一个，今天有进步。”

晚年的王承书身患多种疾病，对此她并不在意，她常说：“我只要脑子不坏，可以思考，眼睛不坏，可以看东西就行了。”

可这个最怕坏的眼睛也坏了，她患有老年性白内障和青光眼。为此，王承书唯一一次主动地去了医院。检查后，医生告诉她，根据她的情况，眼睛已经不能手术了。

“有没有其他的办法，能让我的眼睛好一些？”王承书仍怀有希望。

医生对她说，有一种进口药，10针一个疗程，可以打打试试。

“能治好我的眼睛吗？”

“不能，只能是暂时使病情得到控制。”对于一个科学家，医生只能实事求是地回答。“这种药比较贵，一针要600元。”

“一针600元，10针6000元，”王承书笑了，幽默地说：“你看，我这对眼睛还值这6000元吗？”说完转身就走，随行的人劝也劝不住。

就这样，王承书放弃了眼睛的治疗，只能借助放大镜来看东西了。

自从这件事后，只要王承书去看病或者住院，核工业总公司科技局的人总要叮嘱医院，需要用什么好药就用，千万不要跟王承书商量。

王承书只剩下了活跃的善于思维的大脑，她不能让大脑再坏了。

当王承书奇迹般地好转，出院后，刚刚能下床活动，就开始了大脑的锻炼。她开始拼图板，在2000多块的图板面前，她一坐就是半天。她找来中学奥林匹克数学竞赛题，一道一道地做起来，厚厚的一个本子做完了。一次，一道题怎么也解不出来，她换一种解法，还是不成，直到王承书反复解证后，才非常认真地得出了这道题出错了的结论。

这一次王承书如此珍重身体，也许并不是为了自己，而是为了她的大脑还能为国家的科学事业继续思考，直到再也不能转动的那天。

4.7 风中前行

王承书逝世后，每当大风天的时候，她的儿媳妇郭旃就总会想起婆婆。1978 年，王承书担任二机部研究员，随后兼清华大学工程物理系教授和大连工学院物理系教授，办公室离家比较近，除了出差开会，每天都是走路上下班。

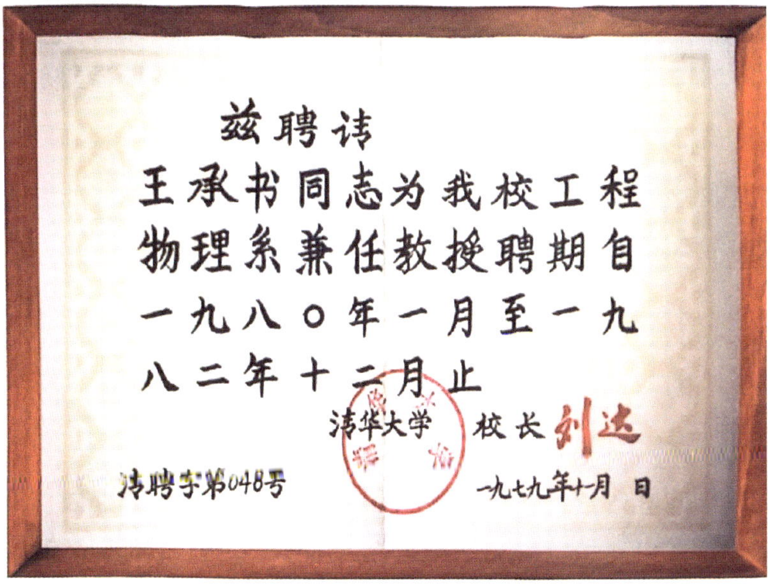
兹聘请
王承书同志为我校工程
物理系兼任教授聘期自
一九八〇年一月至一九
八二年十二月止
清华大学 校长 刘达
清聘字第048号
一九七九年十一月 日

清华大学的聘书

大连工学院的聘书

一个极为寒冷的冬日，郭旃在家里工作，外面刮着凛冽的西北风。到了下班的时候，就出去接王承书，刚刚拐到家里西边的路上，就看到王承书高高瘦瘦的身影出现在路的南口。一阵西北风刮过来，只见她被风吹得左右摇摆，一下子倒退好几步，等风小些，才又继续前进。儿子儿媳赶快冲上去扶住了她，一起回了家。

这风中飘摇的身影，是多么像王承书不断迎难而上的坚强姿态啊。

然而，她的这副身子骨已经太过瘦弱，越来越难以像从前那样拼命奋战。

一次家人在帮王承书收衣服时，注意到她的旧衣上有几块手工补的补丁，针脚细小整齐。后来才知道，王承书多年哮喘，还患有“肺心症”，常感到胸口痛，于是就用手顶住胸口。久而久之，衣服的那个位置就出现了破洞，恐怕心脏早就出现了问题。

王承书70岁以后，由于长期患有哮喘，心脏受累变大，已经形成了筒状胸。阜外医院的大夫说，她的病已经发展得很严重，需要非常小心。但王承书依然照常工作，根本看不出早已病入膏肓。只有家里人见过她哮喘病发作时的状态，不能躺，厉害时就只能站起来两手撑着桌子，大口喘气，有马上就要窒息的感觉。后来有了治哮喘的喷剂，她也尽量少用，怕产生依赖。

王承书年轻时就患有高度近视，到晚年眼底也出了问题，看什么都不清楚，但她还是坚持用放大镜查找资料搞研究，给研究生修改论文，生命不息，研究不止。

尽管如此，逝世前王承书在病床上说：“回想这一辈子，自己觉得做人还是做得比较正派吧，但没有做到一个真正的好党员。”

4.8 为希望工程捐款

1992 年 11 月 5 日，与王承书相伴一生的张文裕走完了他的人生历程。弥留之际，他一再嘱托王承书要履行他们的共同约定：不为儿孙留任何遗产，将他们一生的积蓄全部捐给“希望工程”。悲痛万分的王承书哽咽着点头答应，张文裕这才溘然而去。

遵照遗嘱，王承书将张文裕的书籍和科研资料捐给了高能物理研究所，捐 3 万元给张文裕的中学母校福建省泉州培元中学，用于奖励优秀学子；余下的存款和利息 2 万元交了党费。家里的 10 万元存款则以张文裕的名义捐给了“希望工程”，成为当时国内个人捐献款额最大的一笔。1994 年，在西藏日喀则地区的萨迦县，一所文裕小学拔地而起。30 年前这所小学的教职工只有 3 人，学生仅 30 人。2005 年这所小学

晚年的王承书和张文裕

已改名为“扯休乡中心小学”，拥有600多名学生，40多位教职工。适龄儿童入学率达到100%，为附近14个自然村，12个行政村的孩子们照亮了未来之路。

扯休乡中心小学

1993年年初，王承书写好了遗书，对自己的后事也作了安排。她本想给孙子留下几千元钱，但还是按照夫妻俩之前的约定，不给儿孙留一分钱。她说：“小孙子的家庭生活优越，这几千元对她的孙子也只是锦上添花，无关紧要，不如把它捐给希望工程，让更多的孩子能够上学、受益。”

在遗书中，王承书写道：

虚度八十春秋，回国已三十六年，虽做了一些工作，但是由于主客观原因，未能完全实现回国前的初衷，深感愧对党、愧对人民。死是客观规律，至于什么时候死却是未知数，“笨鸟先飞”，留下自己的几点希望：

1）不要任何形式的丧事；

2）遗体不必火化，捐赠给医学研究或教学单位，希望充分利用可用的部分；

3）个人科技书籍及资料全部送给三院；

4）存款、国库券及现金等，除留8000元给未婚的大姐王承诗补贴生活费用外，零存整取的作为最后一次党费，其余全部捐给“希望工程”；

5）家中一切物件，包括我的衣物全由郭旃处理。

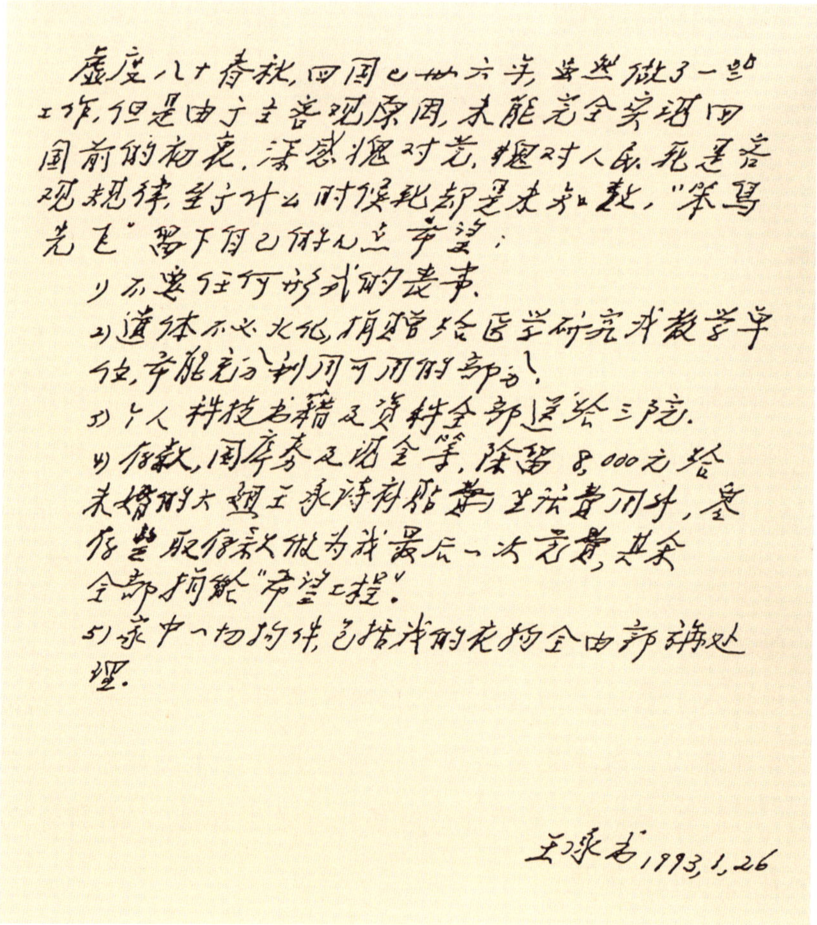

虚度八十春秋，回国已卅六年，虽然做了一些工作，但是由于主客观原因，未能完全实现回国前的初衷，深感愧对党，愧对人民。死是客观规律，到了什么时候我都是未知数，"笨鸟先飞"留下自己的几点希望：

1）不要任何形式的丧事。

2）遗体不必火化，捐赠给医学研究或教学单位，希能充分利用可用的部分。

3）个人科技书籍及资料全部送给三院。

4）存款，国库券及现金等，除留8000元给未婚的大姐王承诗补贴生活费用外，零存整取存款做为我最后一次党费，其余全部捐给"希望工程"。

5）家中一切物件包括我的衣物全由郭旃处理。

王承书 1993，1，26

王承书的遗嘱复印件

1994年6月18日傍晚，王承书的大脑永远停止了转动。按照王承书生前的要求，人们对她的遗产进行了整理。和张文裕一样，她也捐赠了将近10万元存款给西藏的希望小学。这对于一些挥金如土的人而言，可能不算什么，但这却是两位伟大的科学家毕生的积蓄。只要他们拥有任何对国家、对人民有价值的东西，他们都愿意全部奉献出去，送给那些最需要的人们。

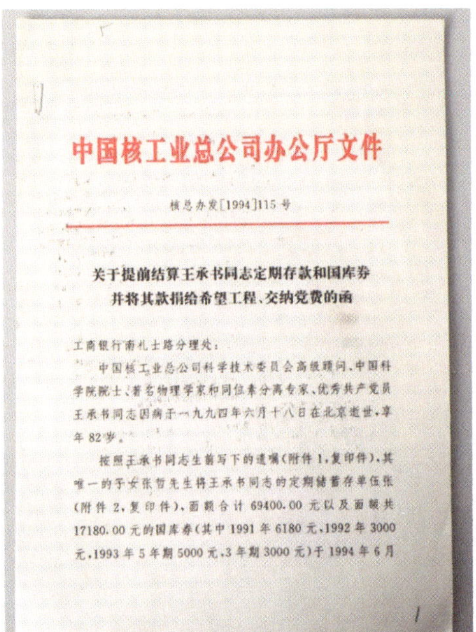

中国核工业总公司办公厅文件

核总办发[1994]115号

关于提前结算王承书同志定期存款和国库券
并将其款捐给希望工程、交纳党费的函

工商银行南礼士路分理处：

中国核工业总公司科学技术委员会高级顾问、中国科学院院士、著名物理学家和同位素分离专家、优秀共产党员王承书同志因病于一九九四年六月十八日在北京逝世，享年82岁。

按照王承书同志生前写下的遗嘱（附件1，复印件），其唯一的子女张哲先生将王承书同志的定期储蓄存单伍张（附件2，复印件），面额合计69400.00元以及面额共17180.00元的国库券（其中1991年6180元、1992年3000元、1993年5年期5000元、3年期3000元）于1994年6月

1

关于提前结算王承书同志定期存款和国库券
并将其捐给希望工程、交纳党费的函

第五章　协同篇

“单丝不成线，独木不成林”“二人齐心，其利断金”，中国古语和诗句体现我们自古以来团结协作的优良传统。对于科学事业而言，协同更是必然的要求。今天，我们更要为建设科技强国汇聚智慧和力量。

在那热火朝天的年代，各地区、各企业都积极响应毛泽东主席“要大力协同，做好这件工作”的号召，不但抽调大批人员支援扩散厂的建设，而且还积极协助培训生产技术骨干。当中央进一步决定“更要注意抓紧大型扩散机的研究制造和工厂建设”，10 多个省的 100 多个单位又投入到了新型扩散机的协同攻关。

核工业是系统工程，汇聚了全国数千家单位的数万名科技工作者，才能取得最后成功。协同是我国科技事业不断勇攀高峰的法宝。

5.1 集结技术力量

在为第一颗原子弹提供装料期间，王承书及团队成员多次来到气体扩散厂进行调研，解决工程中遇到的问题。

1961 年夏天，615 研究室主任吴征铠和担任副主任的王承书去实地了解遇到的技术问题。眼前上千台机器都停着，厂方搜集了急需解决的 100 多个问题，工程、理论、技术、工艺、材料，方方面面的问题都有，哪一个不解决都无法投入生产。

静寂无声的厂房门前，荷枪实弹的警卫庄严肃穆，更增加了神秘的气氛。王承书递过特别通行证，薄薄的证件使她感到沉甸甸的，无形中给人以巨大的使命感。

从工厂回到北京后举办理论学习班时就有了更多的针对性，学员们也爱听、爱学，回到工厂就能解决遇到的实际问题。

1962 年年初，二机部工作会议指出："1962 年一线各厂过技术关是关键一年，又是攻坚的一年，应将 615 的技术力量集结到工厂，共同完成热处理、调整试验和启动运行的任务"。

为落实二机部工作会议精神，1962 年 10 月，王承书再次来到工厂，这次一起来的同志更多了，除了吴征铠，还有彭桓武、段存华、钱皋韵等。科研人员们与工厂的总工程师郑流阳、副总工程师兼总工艺师刘宝庆、总机械师吴梓培、总动力师张占发、总仪表师金林等技术人员就第一批试验机组的主要参数和启动问题多次讨论，带着其中一些关键问题回到北京，再研究解决方案，最后确定了中、小机组的正式运行参数。根据分工，王承书主要负责解决工程中遇到的理论问题。

作为九所副所长的彭桓武负责原子弹的理论研究，对高浓铀的纯度最为关心。当看到王承书团队在北京的计算和试验结果，以及工厂的实际设备情况后，对产品的纯度问题也就放心了。此次考察，王承书见到了蒋心雄，也就是20多年后的核工业部部长。在论证分析会上，王承书科学严谨的学术作风给蒋心雄留下了深刻印象。

1963年夏天，王承书又一次来到工厂。这一次王承书做了关于机组试验的报告。会上，王承书以简练清晰的报告说明了机组设计是可靠的，能够保证产品的纯度。

当年12月王承书再次来到工厂，扩散机组已开始分批启动运行，直到12月第5批机组完全启动运行，可以正式生产出合格的高浓铀产品。

1964年4月初，在第7批机组启动时，王承书来到了工厂。从1962年初到1964年4月这两年间，王承书多次赴工厂考察，越来越多的技术力量集中到了这里，直到高浓铀生产宣告成功的一刻。在中央的高度重视下，我国第一座气体扩散工厂的建设得到了全国的大力支援。先后有22个城市的81个企事业单位，为扩散厂试制成功专用设备、仪器仪表和零部件832种，共40多万台件。44个大、中城市的237个工厂开绿灯优先加工电器、仪表和标准设备 433 种，共计 14000 多台件。许多单位还曾派出技术人员到厂协助解决技术关键问题，其中有中国科学院上海有机研究所，冶金研究所，上海电机厂、光华仪表厂，北京石油科学院、六二一厂，哈尔滨电机厂、汽轮机厂，瓦房店轴承厂，洛阳轴承厂，西安仪表厂等。气体扩散工厂的建成投产，不仅是以王承书为代表的科研人员共同奋战的成果，也是一曲全国大力协同的凯歌。

王承书到 504 厂出差时的留影（诸葛福提供照片）

5.2 重要的试验计算

王承书刚来到615研究室进入气体扩散分离领域时，理论组只有段存华和几名北大的同班同学，总共三四个年轻人。苏联专家留给大家“三本经”，也就是跟着苏联专家学习时抄录的3本讲义笔记。几个年轻人听也听了，抄也抄了，其实完全不明白。王承书拿着“三本经”，又用手摇计算机复算了苏方留下的分批启动方案，没有任何表态。只是有时王承书自言自语地说：怎么能算得出来？这么大的计算量！后来从吴征铠那里才知道，王承书很想把机组从非稳态过渡到稳态的过程计算出来，这样工作人员就可以通过计算结果和实际分析出来的结果对比，监测运行状况。

王先生每日思索着解决之道，他想到了401专门从事计算的四室，那里有黄祖洽、于敏等理论物理计算的顶尖高手。后来俞沛增从四室调来担任理论组组长，就和王承书讨论有没有可能用非自洽方法计算稳态，并介绍了中关村计算所有一台计算机，可以请钱皋韵的爱人杨念如同志帮助设计程序并上机计算。四室可以申请到宝贵的计算机使用时间，615分到的是凌晨12点至1点。

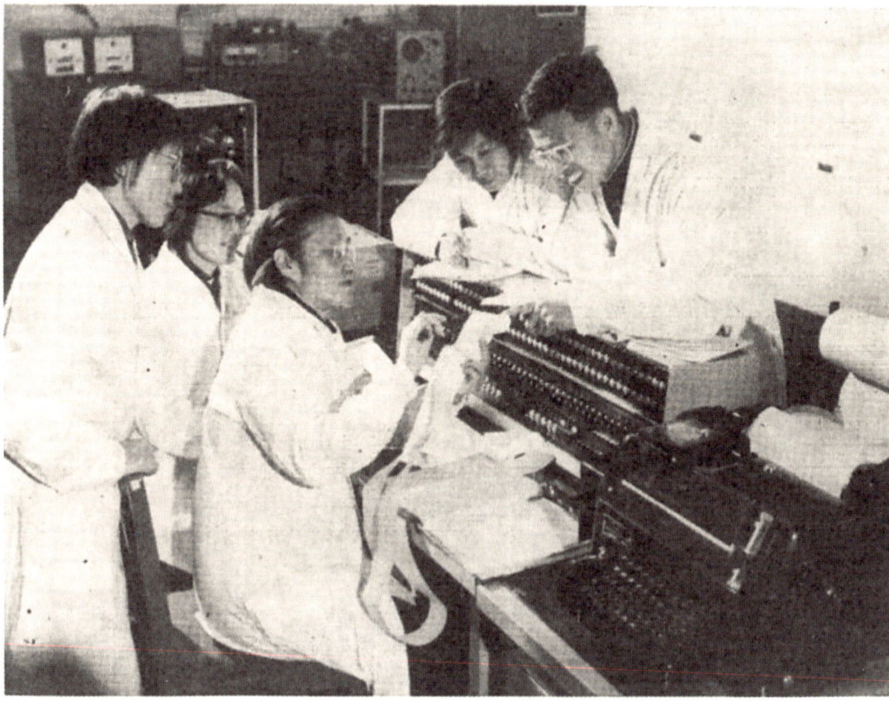

王承书和年轻同志一起在分析计算机的计算结果

为了用好这点时间，理论组的同志和杨念如一同去中关村，如果出现异常，就可以马上处理。计算结果出来的“纸条”堆满了王承书的办公室，她一条条查看，最终把一条漂亮的稳态丰度分布曲线画出来了。

王承书非常高兴，立即告诉工厂计算科的同志与实际情况对比一下，不久计算科潘克忠来电话说：“计算得真准！和实际取样分析的一样！”整个理论组别提多兴奋了，段存华建议向二机部报告，王承书说：“别张扬啦，有用，就好嘛。”

事情到此并未完结。到了1971年的初夏，二机部军管会打电话给华北六〇五所北京分部，让理论组马上派人去工厂，说那边出了事故，段存华和黄更生两人迅速出发。

两人一到部机关，见到军管会科技组一位姓孟的同志说："工厂前些日子还向部里报喜，说是提高产量了，这两天又紧急求救。他们说取不出产品了！你们赶快去了解情况，采取措施，事故绝不能再扩大了！"

王承书和部分理论组成员在一起的照片

（左起：黄更生、段存华、王承书、于长江、诸葛福）

两人又急忙赶到工厂，却发现老领导都不在，计算科没有一个人，于是只好直接到车间。老师傅告诉他们："厂老领导靠边了，计算科的人都下放劳动了，新领导让我们多取产品，向部里报喜！没想到刚取了几天，就一点也取不出来了，领导这次可急了，我们也不知道咋办。"段存华和黄更生当即让工厂的同志找到王承书计算的曲线图，并请技术人员找几个取样点进行分析。一对比就发现，运行已偏离了稳态，全乱套了！于是他们立即告诉车间，停止取料，等机组浓度分布达到稳态后才能取料。

厂里采取了这一建议。过了几天，等看到已稳定，段存华和黄更生就向二机部孟同志汇报。孟同志听后感慨道：“你们为工厂避免了大事故，没有比这更大的风险了。看来你们搞理论的还真行啊！”

两人回到北京分部把这一切汇报给了王承书：您的计算显威风啦。她只是微微一笑：“有领导说咱们搞理论研究有用，这就够啦。”

重要计算的背后，凝结着理论组全体成员的智慧和汗水。在王承书的领导下，在理论组年轻人们的配合下，在 401、计算所等技术人员等各方的配合和资源的集结下，才能共同攻克难题。其中少了哪一方，都会出现问题。在这些环节中，我们看到了理论物理学家、计算专家、工程师和技术人员紧密合作、相互支持、相互启发，组成了一个团结互助的科学共同体。

5.3 不居功的“第一颗原子弹爆炸的女功臣”

1964年1月中旬，在有关国防各工业部部长的会议上，二机部部长刘杰兴奋地对大家说：“告诉大家一个好消息，核材料铀-235，已经生产出来了。”大家听了都很高兴。主持会议的国防工办副主任赵尔陆幽默地说：“好！那好！我们已经有大米了，有大米了，我们就可以做饭了。”

当时，中共中央批准了二机部的规划，在国庆15周年时爆炸第一颗原子弹。朱光亚、王淦昌、彭桓武、郭永怀、邓稼先等专家正忙着原子弹本身的设计和研究，试验基地正等米下锅！在王承书等专家的理论指导下，气体扩散工厂主工艺车间的上千台设备，像兵马俑似的排队列阵，迈出了矫健的步伐。1964年1月，合格的高浓铀产品生产出来了。4月，浇铸出毛坯，加工成原子弹的核部件。

1964年10月16日，硕大的蘑菇云在罗布泊上空升起，我国自此打破了超级大国的核垄断，一个多世纪以来饱受欺凌的中华民族爆炸了自己的第一颗原子弹。王承书抑制不住心头的激动，两行热泪从她那瘦削的脸上轻轻流下。王承书也因其卓越贡献而受到人们的尊敬，工厂每批机器启动前，无论是静态还是动态，王承书都会带领团队人员都反复计算、仔细分析，再由她亲自带着结果去工厂，与计算科工作人员复核无误后交工艺科实施启动方案。她最高兴听到的一句话就是工厂技术人员说的“你们算得可真准”。

上级领导对王承书给予了高度评价，但王承书只说了一句话：“我只是一个人，这都是大家的功劳。”

1966 年国庆节，王承书作为对社会主义建设有重要贡献的科技工作者，被党中央、国务院请上了天安门城楼观礼。在天安门城楼，毛主席、周总理等党和国家领导人接见了部分科技工作者。聂荣臻元帅在向毛泽东主席介绍王承书时说，她为我国第一颗原子弹的装料作出了巨大贡献，毛主席听到后，高兴地说：“这是中国第一颗原子弹爆炸的女功臣。”这是我国第一代最高领导人对王承书工作的肯定，也是对从事铀浓缩行业工作人员的褒奖。在众多为祖国的原子弹研制消失多年的科研人员中，王承书是当时为数不多的女科学家。

在天安门城楼，副总参谋长兼国防科委副主任张爱萍上将手里拿着照相机，走到王承书等科学家前面说：“我给你们科学家照几张相吧！”现在网上流传的王承书、葛昌纯的合影照片就是在庆祝游行大会开始前，张爱萍将军为所摄。张爱萍将军还为钱学森、朱光亚、彭桓武、邓稼先等人照了相。

但对于王承书，她从来不会居功，不问名利。为王承书撰写报告文学的高玉兰说：“王承书是一位有成就的科学家，她的学术成就早有定论，她一生也获得过不少奖励，但每次填表格，获奖一栏里她都是空着。别人问她，她说没得过奖，问多了，她会说自己得到的已经够多了，应该给年轻人留出些得奖机会。”

王承书、葛昌纯在天安门城楼观礼

1981 年，在铀同位素分离分会成立大会上，王承书被选为第一届理事会理事长。根据广大科技人员的意愿，王承书的一项重要工作就是推动建立学术交流平台，创办刊物《铀同位素分离》，让技术人员能够互相学习，相互交流。但这是一个十分敏感的领域，保密性很强，以往都是无法公开发表论文的。虽然大家有交流、沟通的愿望，但真的要出刊物了，组织稿件就遇到了层层阻力。等稿件收来了，内容审查、水平审查也牵涉很大精力。

《铀同位素分离》编辑部收到过两篇分别研究价值函数与分离功率的论文，是清华大学工程物理系的老师和研究机构理论组的部分人员在各自研究工作的基础上独立完成的。王承书看到论文后，从心里感到高兴，但根据期刊的性质，不可能刊登两篇内容相似的文章。为此，她与两组成员进行研讨后，将两篇论文修改变为一篇论文。在署名时，她将清华大学老师的名字放在了前面，将自己学生的名字放在了后面。虽然她为此花费了很多心血，但她坚持不署自己的名字。王承书真正将淡泊名利做到了极致，做出科研成果便好，“事了拂衣去，深藏功与名”。

5.4 聚变研究资料共享

1958年，我国真正开始了热核聚变的研究。10月，在位于北京房山郊区的原子能研究所，筹建了热核聚变研究室（第14研究室）。后来，王承书被任命为副主任，一年后为该室主任；钱皋韵任研究室党支部书记，忻贤杰任研究室副主任。当时先建立理论、实验、电气、真空4个组，调集人员，筹集器材。这是王承书第二次改行进行等离子体物理和磁流体力学的研究，是一项填补国内空白的工作。

这一年，原子能研究所（原名物理研究所）建立了一台Z箍缩装置，称为“雷公”；转年，又研制一台脉冲压缩磁镜（当时叫磁笼），称为“小龙”，它们都是等离子体实验装置。在王承书第三次转行之前，她参与了“雷公”和“小龙”的设计和建造工作，并开展了相应的试验研究。1960年“小龙”和“雷公”先后建成并进行了试验。

1958年，在“大跃进”形势和“全民大办原子能”口号的号召下，具备条件的省市纷纷成立原子能研究所，一些高校也着手开展聚变以及相关学科的教学与科研。除了中科院原子能研究所在进行受控核聚变研究外，黑龙江省原子能研究所、中科院物理研究所（原应用物理研究所）、电工研究所、北京大学、复旦大学等单位纷纷组织人员学习理论，并开始建立实验设备。下面我们简要地看一看各单位的基本情况。

黑龙江省原子能研究所于 1958 年 11 月在哈尔滨市成立，由周恩来总理亲自任命钱三强在清华大学物理系的同学黄葳同志为首任所长。由于国民经济的困难局面，1963 年，该所划归二机部，改名东北 503 所。

在中国科学院物理研究所（以前叫应用物理研究所），这一阶段的研究工作是在孙湘的领导下进行的。孙湘是 1955 年和丈夫李正武一起从美国回来的，曾研制成功我国第一台真空紫外光谱仪，从 1958 年开始了以受控聚变为目的的高温等离子体物理研究。

电力科学研究院聚焦聚变是和当时的水利电力部副部长冯仲云的领导分不开的。1958—1959 年期间，在电力科学研究院的热工二室内成立一个专门研究聚变的小组，曾发展到 20 多人。后因“文化大革命”而中断研究工作。

在北京大学，1955 年，为研制核武器和创建核工业，成立了物理研究室，后来发展为技术物理系。研究室主任胡济民一直关注聚变研究，在 50 年代中期为我国在这一领域的研究做了开创性工作。原子能研究所成立聚变研究室后，曾聘请胡济民任研究室顾问。1959 年，在北京大学技术物理系开辟了热核聚变反应的研究方向，1960 年初，成立了核聚变教研室（代号为 16 教研室）。除参加原子能研究所的学术活动外，他们还联合北京大学物理系、地球物理系、力学系的有关教师，并与中国科学院物理研究所孙湘领导的研究组共同成立中关村地区协作组，学习有关资料并交流研究成果。当时物理系已做了一些气体放电的实验研究，后来因经济困难和内迁三线等实际原因，北京大学聚变实验基地的计划未能实现。

在我国聚变研究初期，学术交流活动相当活跃。1959年12月，钱三强在北京主持召开了全国第一届有关聚变研究的学术会议，当时为保密起见，称为“全国电工会议”。作为聚变研究的主要团队的代表，王承书主要介绍了国外聚变的发展情况，与大家分享了她所掌握的国外资料。1962年和1966年，在哈尔滨和北京又先后召开了2次磁约束聚变研究的全国性学术会议，同时上海的几所大学里也掀起聚变研究热潮，复旦大学卢鹤绂、周同庆和华东师范大学许国保等带领学生进行了初步的探索和研究。

卢鹤绂作为王承书燕京大学的学弟，与王承书进行过多次交谈，并从她那里获取许多有用的资料。

后来，上海小组组织了大规模的调研工作。他们将调研结果加工编辑成一本1000多页的百万字著作《受控热核反应》，由卢鹤绂主编。这本书基本囊括了1950年代关于聚变的知识，是我国聚变研究初期重要参考材料，也是各级单位协同作战、资料共享的体现。

5.5　暖心的一盒药

工作中的王承书乐于协同、善于合作，生活中，她更是个乐于助人的热心肠。

1969 年春天，北方停暖后的房间特别冷。工间操时间，科研人员们都喜欢从实验室出来活动一下，晒晒太阳。一天，王承书、段存华和年轻的周月芳站在甲楼东墙一侧，边晒太阳边聊天，段存华问起周月芳星期天进北京城买东西的事。周月芳其实并没有去逛街买东西，而是去给父亲买药的。她接到大哥来信，生病的父亲需要一种中成药叫“紫雪散”，唐山老家买不到，大哥就让她去北京城里买。周日，周月芳进城到西单、王府井、前门转了个遍，跑断了腿却一无所获。在大栅栏同仁堂与售货员说了很多好话，那师傅告诉她十天以后再来看看，也许能来货。周月芳心里十分着急，父亲在家里正眼巴巴地盼着能买到这盒药救急。

听周月芳把进城给父亲买药的事仔细说了一遍，王承书先是安慰她别着急，再多打听打听，然后又问：“你再说说是什么药？”周月芳说“紫雪散”是一种中成药，内含麝香、羚羊角等名贵药材，比较稀缺，实在不好买。

王承书突然想起来：“要不，我给你买买看，我们中关村那里有个大药店，中药品种比较全。”周月芳知道中关村是中科院专家集中的地方，供药会充足些，说不定有自己需要的药。但实在不想麻烦王承书，毕竟她一周才回家一天，何苦还要为自己奔忙；于是就想问药店的名字，自己周日进城再去买就行了。

王承书说：“没事，张文裕喜欢饭后出去散步，每周日我都陪着他去中关村一带溜达，就路过那家药店呢。”“你回去把药的名字，要买的量写个条子给我拿来。”王承书这片心意，让周月芳十分感动。

周一上午，周月芳正在甲楼二楼实验室工作，听到有人敲门喊她的名字，听出那是王承书声音，赶忙开门迎接。王先生进来说：“你忙着呐，药买到了，给你放在办公桌上吧！发票和找回的钱都在一起了，你忙吧！我走了。”周月芳都没来得及说感谢的话，王承书已经转身走了。看到这盒药，真叫人心里热乎乎的。周月芳真想说一句：爸，药买到了，您会好起来的，您可知道这药是谁帮咱买到的吗？是天使在帮咱呢！

于是她立即请假前往丰台火车站，直奔唐山。到家后见到病床上的父亲，连忙告诉他紫雪散买到了。“您可知道这药是谁给咱买到的吗？这可是周总理亲切接见过的大科学家帮咱买到的呀！”周月芳把买药的经过跟家里人详细说了一遍，母亲听后把药捧在手里，掂量着说：“这药可真宝贵啊，你爸能吃上这药是福分，病会很快好起来的，是因为有贵人出手相助啊！”

平日里，周月芳在质谱组做化学方面的工作，其实业务上与王先生没有太多直接的接触，但也能感受到她的关怀。那时她工作才两三年，有一天在甲楼走廊上，王承书叫住她问：“你配制的质谱标准样品，存放在什么地方？”周月芳说就锁在实验室的铁皮柜子内。王先生说，“我可以腾出一个小的保险柜给你放标准样品，更安全些。”第二天上午，理论组的同事就将王承书办公室的一个小保险柜送到实验室。这保险柜从北京到天津，一直伴着周月芳用到退休。

王承书关心其他同事的故事还有很多。她不仅是爱国敬业的大科学家，她乐于助人的品格，为人处世的气度，都令人们无比敬佩。

1994 年 6 月，王承书病故，核理化院的许多同志前往北京八宝山参加追悼会，进告别室一看到王先生的遗像，大家的眼泪就止不住地流下来。可敬可亲的王承书，永远被那些她曾关心帮助过的同事们深刻地缅怀着、纪念着。

第六章　育人篇

王承书身上有着非常深厚的中国文化传统，同时她又兼容了西方文化传统中的精髓部分，将二者融会贯通，形成了她温蕴谦恭、精微致远的独特风格，身边同事和学生无不钦佩，引以为楷模。

王承书开始进行铀同位素分离理论研究时，已年届半百。她不但自己全身心投入，解决工厂运行中遇到的一个又一个的理论难题，而且特别重视培养年轻一代。她对青年人的培养，既严格要求，又满腔热情。在学术讨论中，她平易近人，不摆架子，以普通一员参加。

王承书甘为人梯，她愿意“让年轻人从我肩上跨过去”，使青年人才们深受感动。她培养了一批又一批优秀科技人才，在铀同位素分离技术攻关和创新发展中发挥了重要作用。

6.1 事业领路人

从回国的那一天起，王承书就把培养人才放在了首位。王承书常说，我愿做一个人梯，让年轻人踩着自己的肩膀向上攀登。几十年来，她修改的学生的论文不计其数，有些论文的真正作者已说不清是她还是学生了，但她从不在这些论文上署名。即使学生强烈要求，她也坚决不署。在她的亲手培养下，一批核技术的骨干科研力量已经成长起来了。

核理化院高级工程师王富一回忆：1964 年 10 月，他大学毕业，刚分配到六〇五所北京分部，在新大学生入职的座谈会上，怀着忐忑的心情说：“我是学水力机械的，不知道什么是铀同位素分离专业，担心难以承担工作任务”。

参加新大学生入职座谈会的王承书语重心长地开导他说：“你刚走上工作岗位，还谈不上本行，工作以后干什么就学什么，并且要钻进去，爱上它，这就是你的本行啦！现在的工作需要你重新学习‘铀同位素分离’专业，你可以在工作中边干边学”。

此后，王富一遵照王先生的教导，从零开始，学习铀同位素分离技术，首先恶补基础理论，在工艺运行组，他参加了机组运行试验工作。带着问题在实践中学习，向现场的老师们请教，这样比在课堂上学习更具体、更实际，他很快就可以承担起了相应的工作任务。

核理化院丁保庚研究员回忆，1979 年，他获得了出国进修名额，请王承书写推荐信，她马上就答应了。丁保庚曾多次去她家请教，同她讨论出国进修什么专业方向的问题，王承书的提议是学习分布参数系统（即用偏微分方程描述的系统）的最优控制。最终，丁保庚在法国自动化信息研究所进修了两年分布参数系统的最优化方法，回国后很快在专用设备相关理论计算研究中取得了突破。现在回想此事，丁保庚不禁深深感谢王承书给出的重要建议。

6.2 精兵云集的理论培训班

1960 年初，苏联中断援建我国气体扩散工厂。在严峻的形势下，王承书受命进入这一领域工作，被正式调到中国科学院原子能研究所铀同位素分离研究室任副主任，负责理论研究。当时面临的一个迫切任务就是尽快掌握气体扩散法的基础理论和扩散工厂的运行技术，把工厂启动起来。二机部决定，在扩散厂具备启动条件之前，抓紧时间培训全国在这方面的理论队伍和工厂的运行人员，由王承书负责培训。

王承书利用工厂启动之前的空隙时间，于 1961 年 8 月至 1962 年 4 月，召集 615 室、504 厂、设计院（7 院）三个单位的理论计算组人员，到 615 室开办“读书班”进行学习。参加的有：段存华、俞沛增、夏有功、秦婉贞、严世杰、过松如、王成孝、潘克忠、刘才宝、王亮娟、刘乔生、陈炳先、胡锡坤、高志康、张国华等 20 多人。清华大学的刘广均和应纯同两位老师也前来指导，刘广均还做了精彩的研究报告。

当时条件很艰苦，没有教室，就在 615 室的院子里临时搭建的帐篷里学习，但却是一个别开生面的读书班。大家的主要任务是深入学习同位素分离的专业理论，这些学员中大部分都是大学毕业后参加工作不久的年轻人，虽然在学校和单位听过苏联专家一两门课，但对铀同位素分离理论和扩散级联方案计算都还是知之甚少。这次能有机会聆听王先生的讲课，深感迫切和需要，也特别珍惜和兴奋。

参加培训班的部分人员合影

（前排左起：潘克忠、陈炳先、王承书、刘乔生、严世杰；
后排左起：程海、戴进池、刘广均、王成孝、段存华、过松如）

谁知开课第一天王承书却说：我们的培训班不是采取讲课形式，我也不会专门给大家讲课。我们采取研讨的方式，各位学员根据自己在工作中遇到的疑难问题，或者想到的理论和试验方面的难题，每个人提出一两个问题进行自我研习，提出见解。然后，大家讨论，当然也可以争论，以求学习的深入。

段存华后来回忆说：“王先生讲课方式很特别，总是先问我们‘你们都看懂了吗？’然后让我们一个人讲一段。我们一边讲，她就一边提问和指导。我们的课堂氛围特别好，大家能随意发言、讨论、提出不同意见，不会因为我是小技术员就不敢说话，也不会因为你是大科学家我就全听你的。”

这个过程中，王承书总能从中发现问题，然后进行分析、提炼，从而使大家的认识得到普遍提高。经过近 3 个月的讨论和学习，每一位学员对于铀同位素分离理论都有了进一步的理解，对今后各自返回原单位工作帮助非常大。

王承书的学生刘乔生回忆：“苏联专家留下的资料有限，王老师把这些资料反复看过后，一个一个地理解和计算，计算正确以后再重新编排起来，编好后再教我们。”

夏有功研究员感触很深的是在一次讲课中，王承书问他：“渗透性指的是什么？”“是小孔面积和总面积之比。”他照着过去外国专家教的答案进行回答。“那为什么和分子热运动的速度有关呢？”王承书追问。夏有功无言以对，因为他从来没有深想过这个问题。王承书说，光知道结论不行，必须搞清楚产生结论的内在规律才能举一反三，才能判定哪些参数是不可缺少的，哪些参数是可以忽略的，这使夏有功茅塞顿开，在导师的教诲中，他在学术上的进步加快了。

核理化院严世杰研究员回忆：“在王先生组织的培训班里，采用的是互为先生的别开生面的教学方法，一个人准备一个方面的内容。讲给大家听，王先生当然是先生们的先生。‘教学’中收获最大的是那些年轻的先生们。因为他们在备课、教学及研究阶段，都会直接感受到王先生的教诲！”

王承书说：“这个读书班从长远来看是培养一批理论队伍，从目前来看是学好苏联专家讲过的四门课。”她又说：“学习不能贪多不消化，要学得深，学得细，知识是一点一滴积累的；学习物理不能停留在数学运算上，要理论联系实际，要对研究的事物有一个清晰的物理图像。”

这也是王承书自己的学习方法，后来，大家在工作中发现她自己就是这样做的。此外，大家还一起学习英语，分工翻译英语资料。王承书还提出用电子计算机计算级联方案，这项工作在当时是很先进的，可是大家不会编程，就请 401 所 4 室的杨念如女士帮助。

中科院的 104 型电子管计算机是个庞然大物，装电子管的大柜子有十来个，占满了一屋子。这台机器的运算速度是每秒 4000 次，手工三天才能完成的任务，它计算只要一分钟。用台式计算机手工计算方案时，离不开一本 8 位精度的自然对数表，可是国内没有卖的，王承书就想方设法买来 5 本对数表，分给大家使用，以解燃眉之急。

7 个月的读书班结束后，每个人的专业理论基础有了显著的提高，在以后的工作中得到充分的发挥。她为年轻人们指路引航、排忧解难，教人家怎样写论文、怎样翻译英语资料，教给大家学习方法，她的工作作风对很多人一生都有深远的影响。

6.3 学好外语、翻译好资料

1972 年 10 月 20 日，王承书和甘柏、沈保全同时被任命为华北六〇五研究所副所长（当时叫革命委员会副主任）。十年动乱当时到了尾声，王承书明显感到我国与世界发达国家科技水平的差距在扩大，她感到了解国外同行的发展动向的必要性。上世纪五六十年代毕业的大学生，在学校时大多学的是俄语。当看到新引进有限的英文资料后，王承书不仅自己认真阅读、仔细推敲、从中汲取新的知识，还特别鼓励年轻人去自学第二外语、进行翻译，并答应帮忙校对。

曾经担任核理化院情报研究室主任的吴文政研究员 1964 年从清华大学工程物理系毕业后来北京分部工作，当年王承书让他翻译英文资料时，他还有些发憷。王承书安慰他说："小吴呀，别怕，翻好后我帮你看看。"吴文政把翻译稿拿到王承书面前过目时，她从专业知识、翻译技巧、中文修养 3 个方面仔细把关，做的笔记比翻译稿的页数还多。而当文章后来准备出版时，王承书连校对的署名都推却了。这件事给吴文政的印象很深，促使他更加用功去学习英语。

王承书与部分理论组成员合影（1982 年）

（前排左起：秦婉贞、严秀兰、段存华、王承书、俞沛增、夏有功、严世杰、李茂典；后排左起：彭正秋、陈梓新、张连合、诸旭辉、黄更生、诸葛福、许宗兴、于长江、吴文政）

核理化院高级工程师李书芳回忆起那时学习外语的热烈气氛，至今对王承书十分感念。在北京分部甲楼二楼化学分析组办公室里，大家经常一起收听中央广播电台和电视台举办的英语讲座学习。化学分析组同事们学习热情非常高，早晨在进实验室工作前，都会坐在自己的办公桌前，专心致志地学一会儿英语。一天，令大家没有想到的是，王承书悄悄地走进了办公室。她进来后一句话也没有说，在办公室内绕了一圈。当走到李书芳的办公桌前时，突然停了下来，拿过李书芳手中的英语书看了一下，指着一段话，让她当场翻译出来。李书芳现场翻译后，得到了王承书的表扬："你的英语水平不错。"这让她很受鼓舞。

于是，当李书芳在英语学习中遇到问题，便主动去找王承书请教。她来到了甲楼一楼王承书的办公室，指着书中令人费解的那句话，向王承书请教。王承书马上翻译了出来，她告诉李书芳，这是美国一种俗成的用法。李书芳不禁感叹王先生英语水平之高，她不仅是一位核物理学家、工程物理学家，也是一位令人佩服的英语专家。

通过跟王承书学外语，使更多的年轻人开始关注国外新技术的发展，一批年轻人的专业技术水平、外语翻译水平迅速得到了提高。

在获得 1975 年在伦敦召开的国际铀同位素分离会议论文集的资料后，王承书立即组织有关人员展开翻译工作，根据人员所学专业来进行任务分配。她对每个人的译文都看得特别仔细，不仅是意思不能错，语序也不能乱，因果关系要讲清楚，连标点符号都不能马虎。不少人回忆起在王承书的办公室里讨论翻译内容的情景，真有学步的感觉，钢帖木尔副研究员索性在译文中署名为“学步”，以此纪念。

果然，这批资料非常重要，其中透露出了一些美国和法国气体扩散工厂的信息。例如钢帖木尔翻译的《浓缩铀的市场，供应和商务》一文，涉及了技术、市场、未来展望等多方面内容。在审校翻译的过程中，王承书感到，我们的设计思路是正确的。但差距也是明显的，需要迎头赶上。可以说，这批论文集资料对我国的同位素分离研究起到了重要的作用。

1980 年，1975 年 3 月在伦敦召开的铀同位素分离国际会议的论文集《铀同位素分离》由原子能出版社出版。众多的翻译者中，有的署了真名，有的署了笔名，这其中，郭臻是王承书的笔名。

除这部论文集外，王承书还审校了陈聿恕、过松如、瑞世庄、张永生、顾震南等人翻译的美国核能学会专题论文《同位素分离》[1]，以及段存华、过松如、李正千、李骖等人翻译的美国核能学会公开出版的《铀浓缩》[2]。王承书在核校的过程中，引领了许多年轻人学好英语、译好资料、关注世界前沿科技。

1 陈聿恕等译．王承书审校．同位素分离 [M]. 北京：原子能出版社，1983.

2 段存华等译．王承书审校．铀浓缩 [M]. 北京：原子能出版社，1986.

6.4 “还是叫老师更好些”

1961 年，王承书调到 615 研究室后的时候已经 49 岁了，室主任吴征铠 48 岁。为了拉近与年轻技术人员的距离，他们不让年轻同事以行政职务相称，只同意叫吴征铠“老吴”，叫王承书“老王”。王承书说：叫主任不自然，有距离感，叫“老王”比较好。

然而单位的年轻人们十分敬重王承书，比起“老王”，更愿意称她“王先生”。

1976 年的初夏，还在清华大学工程物理系读大学的缪志永到 504 厂实习，有一天正好赶上王承书来这里出差。缪志永上学前的工作单位是二机部第三研究院，王承书是副院长，于是缪志永吃完晚饭后急忙去招待所找她。

缪志永有些紧张，王承书看出来了，轻松地说：“不要拘谨，就当是和你老师在一起聊聊天。”为了拉近距离，她让缪志永在工作时间外，不要称呼职务。于是缪志永改口称呼先生。王承书说，“先生是老称呼啦，还是叫老师更好些。”缪志永的紧张瞬间消失了，他流利地汇报了 4 年来的军旅生涯，以及到二机部第三研究院工作后对知识的渴望，也谈了入学后的收获。不知不觉，墙上的钟表已悄然指过22点，缪志永怕影响王承书休息，就起身告辞了。这次长达3个小时面对面聆听老师教诲的经历，让缪志永终生难忘。

其实，王承书十分热衷于教师事业。尽管后来她在祖国的召唤下，走到了科研第一线，也一直坚持着培育人才，并且对自己的学生们也不忘时时强调："你们要注意培养下一代。"她的学生中有的已被评为了中科院院士、工程院院士、教授、研究员；有的在行政职务上担任了研究室主任、领导，相关司、局领导，甚至副部长……许多人都成为了核科学研究的中坚骨干。无论他们走到哪里，王承书仍是他们尊敬的"王先生"，学生们从她那里除了学到治学的本领，还得到了人生的启迪。

"切记，浮躁和功利是学习和求知的大敌，不论做什么事情，潜下心，钻研进去，就一定有所收获。"王承书的教诲，令许多人受益终生。

6.5 谆谆教导，乐为人梯

牛顿有一句名言：“假若我能比别人瞭望得略微远些，那是因为我站在巨人们的肩膀上。”王承书同许多科学家一样，并不认为自己是“巨人”，却甘愿做“人梯”，把严谨、求实的科学精神传给年轻一代，让青年人踩着自己的肩膀前进。

1978年，王承书已年逾花甲，组织上照顾她的身体，让她结束长达20年的住单位宿舍的生活，回到二机部机关工作。王承书心中了然，但除了日常工作之外，她依然担负着培养年轻人的工作。她说：“我就要做人梯，让年轻同志从我肩膀上走过去。我把我的学生培养起来，就是我最大的安慰。”

曾经有人问王承书得过多少成果奖。她说：“我没有得过奖。”王承书怎么会没有得过奖呢？她曾参与或主持过的科研获奖项目有几十项。但她都谢绝署名，更不用说那些饱含她的心血而由学生承担的获奖项目。几十年来，她为学生修改的论文不计其数，甚至有些论文的真正作者已说不清是她还是学生了，但她从不在这些论文上署名。即使学生强烈要求，她也坚决不署。她的学生或年轻的同事们都曾说过，王老师的成就绝非几篇论文、几本书或几项成果奖所能衡量。

在王承书的亲手培养下，一批核技术的骨干科研力量已经成长起来了，1961年时成立的理论培训班，学员年龄平均为25岁。他们中有人成为研究员，有的走上了部、局级领导岗位。作为我国铀同位素分离研究基地的核工业理化工程研究院，有着太多由王承书培养出来的研究员，有的已带起了第三代研究生。王承书以无私的奉献、执着的追求，托举着我国铀同位素分离事业的人才队伍。

王承书参加核理化院研究生论文答辩

6.6 严谨再严谨，细致再细致

王承书对学生的科研工作有着严格的要求，无论是理论公式推导、课题总结报告还是学术论文写作，必须严谨再严谨、细致再细致，经得起反复推敲。

凡经王承书审阅的论文，一般都要经过多次修改才能“过关”。有个研究生在计算某流体问题时，所采用的速度大得出乎现实可能，王承书当即提出严肃批评，认为这不是一般的疏忽，而是缺乏物理头脑，并要求重新学习，延期毕业。对于学生的论文，王承书大到基本概念、推理和演算过程，小到文字、标点符号，都要一一仔细推敲。

首要的要求是语法的逻辑性，即行文中因果关系必须写得准确。在送她审阅的论文报告中，她时常会挑出其中有些因果倒置或有因无果的错误语句结构，批评说，这种错误至少说明你自己没有完全弄明白；如果自以为清楚了，那就说明你的语法不及格。对于科学论文或工程文件，她还非常重视数据的数量和单位的准确写法，以及对试验结果的必要误差分析。因为科学和工程实践中的数据，大多不是整数，有效位数有限，因此演算结果的有效位数必须准确——多了反而出错，取少了或未做误差分析，也会降低实验结果的价值。王承书认为，一个合格的研究人员或工程师，是不应该犯这些错误的。她甚至对文章中的标点符号也严格要求。学生们有时觉得这是否过于苛刻了，可但凡是经受过王承书一丝不苟的科研训练的青年人，后来都会感到终生受用，许多学生至今保留着王承书批改过的原件作为纪念。

修改论文见品格

核理化院钱新研究员回忆起王承书为他修改论文的经历时，特别能感受到老师平等待人、尊重他人劳动的处事风格。

第一次是和王承书讨论自己翻译的一篇国外发表的英文论文。王承书逐字逐句地指出译文中的问题，并已将修改内容写在译文中的空余处，而不直接在原文里写，让钱新非常感动。此后，王承书每次审查钱新的试验报告或论文，都是认真、细心阅读后在文章空白处或附页上写出修改意见，从不在原文中涂改。

王承书和钱新（左边）、张俊章在实验室

钱新自己担任室主任后，曾有年轻人找他申诉，自己辛辛苦苦完成的论文被老师修改得“面目全非”，心中很不是滋味。此时，回想起王承书的修改做法，更觉出意义所在，看似平常的小事，更见她高尚的品格。

能并联不要串联

和王承书多年并肩共事的钱皋韵，比王承书小了十多岁，两人一直是亦师亦友，既有合作关系、又有指导关系。钱皋韵回忆，王承书在工作安排上一直要求，能并行工作的任务，就不要串联起来干。这不但可以争取时间，而且也是科研工作特点的要求。因为课题之间，本来都有内在关联，不可能一刀划清，后一课题的某些结果，可能要修改前一课题的内容，能提前交叉进行，既省时间又能省钱。

钱皋韵由此想到当前科研立项的一些问题。项目立项的程序比较严格和复杂，经费虽一次批准，但下拨方式也受此影响而有些延迟。必须要等前一个阶段的研究被验收通过，后一个阶段的经费才能下拨；但实际上常常因被层层重复的各种审议和论证所延迟，经费不能及时到位，只能形成了所谓串联搞科研的现象。在两弹研究的年代，常常是一立项，经费就立即到位，大家只要努力提前完成，没有为经费困惑过。回想起王承书“能串联不要并联”的基于科研规律的工作方法，对当前的科研拨款制度和承担任务单位的工作安排，也仍有重要的借鉴作用。

认真完成不马虎

诸旭辉研究员回想起一次被王承书批评的经历，印象非常深刻。那是 1963 年的下半年，诸旭辉完成一个项目后，向王承书提交了一份总结报告。王承书认为该报告还需要从理论上进行分析和总结，变成一份有分量的研究论文，并且要求限期完成。但当时因为任务重，报告文章又因保密的原因不能公开发表，就没能按时完成。王承书批评诸旭辉说："不能公开发表，更要认真总结、认真完成，不能马虎。"

诸葛福研究员眼中的王承书也是这样一位严师，并且表现在言传身教之中。在翻译外文资料时，王承书总会要求对公式进行推导，当时还很不习惯。但后来诸葛福发现，这样能加深对物理意义的理解，并且判断出结论是否正确，还可避免以讹传讹、保证翻译质量；总之，对提高业务水平很有帮助。诸葛福将老师的叮嘱记在心里、落在实处，认真推导科研工作中运用的每一项公式，手动核查每一份关键计算数据，把每一份报告都当作自己的作品认真思考、反复打磨。

优良作风的传承

诸葛福把王承书对科研工作的严格要求，也传给了下一代科研人员。诸葛福的学生核理化院姜宏民研究员记得，"老师和我说不要认为教科书就不会出错，不能看到公式就直接套用，要求我必须对书上的每一个公式进行推导。有一次老师给了我一份资料，公式旁边画着两个对号，分别标注了 1983 年和 1992 年的某月某天。我问这是什么含义，才知道原来这是老师每次自己推导公式验证无误后的时间标注。”这和王承书曾强调的公式要再推导一遍，是完全一致的。并且姜宏民说，他现在也是这样指导和要求自己的学生[1]。

好的学风需要代代相传。从王承书的学生严世杰曾指导过的研究生吴建军研究员身上，也可以看出。吴建军在准备写研究生论文时，严世杰要求他把已经完成的基础理论全部重新做一遍，也就是以更详细的方式把理论研究部分的内容——包括运动方程、解析表达式推导过程从头至尾再推演一次。吴建军起初有些质疑，在写论文的过程中，已经把理论推导过程和结果都请老师审阅过了，有必要再来一次吗？不过他还是按照严老师的要求重新推导了一遍。将作业交上去之后，严世杰拿着手稿问他：“这一次的结果跟以前的一样吗？有没有不一致的地方？”吴建军回答说：“与之前一样，没有不一致的结果。”“好了，你这两天推导的结果就是论文的理论研究章节内容，现在可以开始写论文了。”

吴建军这才明白老师真正的用意。论文既是总结研究成果，同时也是与同行进行科技交流的学术表达，逻辑上要严谨、学术上要经得起推敲，得到的结果必须正确合理。严老师的要求，就是让他在写论文前重新整理研究过程，确保学术观点表述无误。时至今日，他依旧坚持这个学术习惯。

虽然未曾见过王承书，但吴建军在老师严世杰身上，看到了王承书重视调研工作、对理论和逻辑心怀敬畏之心、对学术研究

---

1 边钰涵．采访姜宏民研究员笔记．2024-6.

与工程实践秉持严谨求实的态度。“我也将如老师一样指导我的学生，‘承书风范’时刻铭记于心，永续传承。”

拿着放大镜看论文

1989年底，77岁高龄的王承书，眼疾已十分严重，但她仍照常审阅学生的论文。听说诸葛福写了一篇关于稀薄气体边界条件的论文，她就专门把论文要去，把复印稿的墨色一字一字地描深后，拿着放大镜逐字审阅，提出了详细的修改意见。当诸葛福拿到王承书一字字描出的论文稿，感动得说不出话来。

医院发出了“病危通知”后，为了使自己指导学生“脑子不生锈”，王承书照样计算数学奥赛试题。王承书严格要求学生，更是严格要求自己，她从不允许自己有一丝的马虎。直到临终前，她一直担任清华大学客座教授，带博士生。那本每个学生占一页的影集是她心爱的珍藏本。这份对学生的严格与发自内心的热爱，她一直坚持到了生命的最后一刻。

6.7 弘扬“承书风范”

在王承书一生为核事业而奋斗的光辉历程中，她所呈现的精神品质，后来被核理化院概括为“许党报国、厚德至诚、温蕴谦恭、精微致远”的“承书风范”。

在核理化院吴建军研究员眼中[1]，老师严世杰作为王承书院士的学生，是传承弘扬“承书风范”的典型人物。他对科研工作严谨细致，常常叮嘱学生们：“做一项研究工作，一定要先做调研，站在前人的肩膀上，知道前人做了什么、没做什么、有哪些可以优化改进的工作可做，这样做出来的研究成果才有意义。”

严世杰非常鼓励学生独立思考、大胆实践。通常情况下研究生毕业论文的选题大多由导师指定，在吴建军的毕业论文选题尚未确定时，严世杰却并没有直接指定题目，而是对他说，“你的理论基础比较好，先不给你定题，等你做完调研后再说。”在这样的鼓励下，吴建军积极在核理化院里档案室和院外的图书馆查阅资料做调研，还专门去加工厂调研了一个月，跟技术人员和车间老师们深入学习了解设备加工和试验运行情况。最终，用了几

1 吴建军．三院印记王承书风范代代相传．2024-6. https://mp.weixin.qq.com/s/P6yRVJQj2C8FQ2jFqtc6Hg

个月的时间，写出了一份详细的调研报告，并提出了自己想做的论文选题。严世杰看后非常高兴："本来计划安排你做一项相对简单一点的研究工作。不过，你要做跨学科研究课题？这个课题可是国内比较前沿的课题，你有信心吗？"吴建军立即答应尝试一下。

一年多的时间里，吴建军深入思考、反复试验，几经努力终于完成了论文，得到了严世杰的肯定。他高兴地邀请吴建军去家中吃饭，席间不禁回忆起了自己的老师王承书。王承书要求学生，做科研要搞好调查研究，严世杰是其中的佼佼者，多次得到王承书的肯定与赞赏。"今天，我的学生做出了如此出色的研究，我非常满意，我没有辜负王先生的指导。"严老师的夸赞，也激励着吴建军。

严世杰还特别和吴建军等学生们强调，做研究工作一定要理论与实践相结合，不能就理论谈理论，就公式谈公式。一个公式所代表的物理意义是什么？在具体实践中是怎样表现的？科研人员要去实验室学习，跟老师们请教，否则就只是空对空的谈理论。

吴建军的研究生论文中，有一个理论表达式是动力稳定性与供电参数的关系，宏观上看是两个不相关的学科专业。严世杰问道："既然两者之间存在联系，那它的物理图像是什么？"由于缺乏深入思考，当时的吴建军不知道如何回答，于是他去实验室跟老师们了解实验每一处细节，把表达式中的符号跟实验参数建立对应关系。几天后，他带着答案去向严老师汇报，严世杰专门邀请了几位相关专业的专家前来听取。严世杰表示："物理图像清晰、理论表达式正确，这个回答我很满意"。正是在老师的严格要求下，吴建军人生第一次如此清晰地认识到理论研究跟实践结合的价值，对之后的科研工作也充满了信心。

吴建军后来才知道，理论联系实际的严谨学风，也是严老师从王承书先生那里传承而来。当吴建军走上技术管理岗位后，也要求科研人员必须进实验室："这是严老师教给我的，我也会教给每一个年轻人。"

6.8 认真审教材

教材对于教书育人有着至关重要的意义，它不仅是学生学习的主要依据，也是教师教学的基础，学校教学管理的重要依据，以及学科建设和发展的重要基础。王承书一生，曾多次参与核物理领域的教材审核，为此付出了大量精力。

我国第一本铀浓缩著作《铀同位素分离级联理论》，就是根据王承书当年为清大工程物理系老师和北大毕业生所讲的铀同位素分离基础理论而编著的，并且由王承书和诸葛福审核。清华工程物理系郭松涛、吴英禄编写的《扩散级联水力学》教材，以及清华大学应纯同主编的《同位素分离级联理论》教材，都得到了王承书给予的关怀和支持，提出了许多指导性的意见。

1983 年，在核燃料局负责下，王承书主持审查清华工物系 220 教研组所编教材《同位素分离理论》，在黄山召开会议。张作风作为核理化院参审人员之一，打前站为会议做些准备和安排。这次会议中，张作风充分感受到了王承书的优秀品德，以及对他人的无限关怀。

王承书主动对参会人员们说："你们上山要挑选一个晴朗的日子，好看黄山醉天下的美景，要是赶上下雨，那就看不见了。

反正下雨我们在山下开会审教材不受影响。”亲切的语言，让人感到暖洋洋的。大家选了一个好天气上山，在国家领导人曾下榻过的“散花精舍”住了一个晚上。年事已高的王承书没有上山。第二天，大家下山走到山脚下时，已经是傍晚了，忽然看到王承书站在那里迎接，所有人都非常感动，纷纷抢上去跟她握手：“您这么大年纪，怎么还来接我们呢？”王承书激动地说：“都两天了，我时刻都惦记着你们平安回来！”王承书还有一个不成文的约定，每次会后总要请大家吃顿饭，并明确规定不能动用会务费，必须由她自己付款。这次也不例外，王承书请了两桌，一桌是参会人员，另一桌是黄山宾馆有关负责人和工作人员，特别感谢他

图 6–1　黄山会议教材审定部分人员合影

（左起：张作风、严世杰、史训良、钱新、王承书、诸葛福、黄更生）

们对会议的安排和照顾。当然，这次会议的要旨还是教材审核，大家没有耽误主要工作，王承书主审的《同位素分离理论》后来被评为清华大学优秀教材。

可以说，王承书是以德施教、以德立身的楷模。斯人虽已去，但那些她曾审核过的教材，指导着一代代年轻的学生和科研人员，与她的精神共同代代相传。

6.9 言传身教，祖孙和乐

在家里，王承书是一位既严格更慈爱的长辈。对于孩子们，她有着别样的疼爱。

因为工作原因，王承书没有太多时间和自己的孩子在一起，但在下一代的教育上，她总是抓住一切可能的机会，尽心尽力。张哲小时候在美国读书，王承书在家经常指导他学习英文，小学一年级时，他的阅读能力就有了四、五年级的水平。1956 年回国后，王承书长期订阅英文杂志《无线电电子学》，让张哲保持英文阅读水平。1978 年，张哲考研时，“英译中”的试题拿到 48 分，仅仅扣了 2 分。

王承书尤其鼓励晚辈积极上进。儿媳妇郭旃是因文革没上成大学的“老三届”。1977 年国家恢复高考后，她心里很想参加，但是工作近 10 年了，学业早已荒废，加上已婚有了家庭，觉得实在是条件不佳。正在犹豫之间，婆婆王承书直接找郭旃谈话，鼓励她去考试：“试总是要试的，试过不后悔。”王承书特意安排郭旃去自己的大姐王承诗家住了一段时间，帮她复习高中的数理，因为承诗大姐是北京女十一中的二级物理教师，一级数学教师，正好可以给点帮助。郭旃平日三班倒，下班后就去大姨王承诗家，经过一番努力，终于成功被录取为北大分校的大学生。

上了大学以后，王承书还多次对郭旃说，有什么问题都可以问她。后来学四大力学时，郭旃多次向王承书讨教。在她的帮助下，终于顺利毕业并留校当了老师。

家里有了第三代后，王承书把科学育婴的方法用到了生活中，随时随地引导教育。小孙子张旆出生七八个月时，王承书就让儿媳妇郭旃喂完奶后把孩子直接放回床上，让他学会按时自己睡觉，养成良好的生活习惯。她很知道如何减轻做父母的负担，告诉儿媳美国有本育儿书讲，孩子最多哭三天。果然，第一天孩子哭了25分钟，第二天5分钟，第三天只哼哼几下。从此只要把孩子放到床上就可以，就是不睡觉也会自己玩，不哭不闹，作为新手妈妈的郭旃对此十分欣慰。

张旆两岁以后，刚刚懂些事，王承书就开始教他懂得分享。通常晚饭收拾完、一家人齐聚客厅时，王承书会削些水果、或拿出一块巧克力，让孩子分给大家。有时分得不好，当小张旆送出最后一块，会两手一摊，一个字“没”。王承书就会高兴地夸他，再分他一小块并问道，“没”是多少啊——告诉孩子“零”的概念。

再大些，就可以教孩子做些科学小实验了。例如，冰在局部压力下会化得更快这个实验，王承书预先准备一块长方形的冰，两边支起来，中间挂上两端挂有重物的绳子，随着时间的流逝，绳子就到了冰的中间。张旆上小学后，王承书会陪着他做作业，和他比赛谁做题做得快，从小培养兴趣。小张旆到姥姥家的时候，就好奇地问，怎么姥姥晚上不看书、工作呢？姥姥笑着解释，自己的主要工作是给人看病。当年虽然孩子还小，不能理解社会分工不同，但从另一方面说，每天看着奶奶王承书从早到晚都在书桌前忙碌，无形中为他做了表率，将读书、工作当做自然而然的事情。长辈的好习惯对孩子的影响是润物无声的。每逢小张旆回到家做作业，王承书就坐在桌子旁帮他在算草纸上打格。打格用的纸有时是零散的白纸，有时把写过字的纸翻过来继续使用。这样，孩子从小便对王承书节俭的生活习惯耳濡目染。

在教育问题上，王承书对儿子儿媳很尊重，即便觉得儿辈做得不对，也背着小孩子去讲。王承书认为，大人之间一定要在孩子面前保持一致，不同意见私下交换。另一方面，当两个年轻人忙不过来的时候，王承书也会和许多家庭的老人一样，帮忙揽过看护和教育孩子的大任。有一次，郭旃因为儿子小测验的卷子的问题，和学校老师没有沟通好，造成了一些误会。然而，七十多岁的婆婆王承书竟渐渐和当初那位二十多岁的老师成了朋友。可以想见，平时她做了多少工作，也实实在在给老师做了教书育人的表率。

2001 年，一眨眼张旆已经快高中毕业了。12 月的一天，家里接到了孩子被加州理工学院录取的电话。加州理工的惯例是在正式录取信发出前会用电话通知，张旆高兴得有些蒙了，过了好一会儿才确认了这个好消息。郭旃恍惚间想要赶快打电话告诉婆婆，这才突然意识到，王承书已去世多年了。泪水刹那间夺眶而出，郭旃抬眼含着泪水，心里默默念着：您的愿望实现了，您可以放心了，我们将会尽其所能，让孩子完成学业。郭旃想起，王承书去世前一年，曾担心过未来小孙子上大学的学费问题，她担心自己没有足够的钱，帮不上忙。郭旃当时告诉王承书：能不能上好大学主要靠孩子自己。如果他考上，就是砸锅卖铁，也要让他上。王承书这才放心了。郭旃明白，那时王承书必定已经考虑到自己的身后事，准备将毕生攒的钱全部捐给党和国家。回忆到此，不由得又是一阵感动。

这就是王承书对晚辈的关心和教育。她没有留给儿孙任何物质上的财富，但把她的爱、她的高尚品格、她的科学精神，都传递给了下一代，永远滋养着他们的人生。

王承书年谱

王承书（1912 年 6 月 26 日—1994 年 6 月 18 日），原籍湖北省武汉市江夏区，我国著名的理论物理学家、优秀的核物理学家、杰出的工程物理学家、中国科学院院士、优秀的中国共产党党员，我国铀同位素分离理论奠基人，为我国第一颗原子弹的研制成功提供了技术支持和时间保障。因为保密的原因，王承书为祖国核事业隐姓埋名 30 余年，用一生诠释了“干惊天动地事，做隐姓埋名人”。

1912 年 6 月 26 日，王承书出生于上海市。

1918 年 9 月—1924 年 7 月，在北京培元小学学习。

1924 年 9 月—1930 年 7 月，在北京贝满女中学习。

1930 年 9 月—1934 年 7 月，在燕京大学物理系学习，获学士学位。

1934 年 9 月—1936 年 7 月，在燕京大学物理系学习，获硕士学位。

1936 年 8 月—1937 年 7 月，任燕京大学物理系助教。

1937 年 7 月—1937 年 10 月，从北平到扬州，从扬州到武汉，从武汉到长沙。

1937 年 11 月—1939 年 8 月，任湖南湘雅医学院讲师，从长沙到贵阳。

1939 年 9 月，在昆明同张文裕结婚。

1941 年 9 月—1945 年 5 月，在美国密歇根大学读研究生，获哲学博士学位。

1945 年夏—1945 年 12 月，在普林斯顿高级研究所从事博士后研究工作。

1946 年初—1947 年年底，任美国密歇根大学副研究员、研究员。

1948 年初—1948 年年底，在普林斯顿高级研究所从事研究工作。

1949 年初—1956 年 7 月，任美国密歇根大学研究员。

1950 年 1 月 7 日，儿子（张哲）出生。

1956 年 10 月 6 日，同丈夫张文裕和儿子张哲一起回到祖国。

1956 年 10 月中旬，任北京大学物理系教授。

1956 年 12 月初—1958 年 9 月，任中国科学院物理研究所理论研究室（4 室）研究员、副主任。

1958 年 10 月—1961 年 2 月，任中国科学院原子能研究所热核聚变研究室（14 室）副主任、主任。

1961 年 3 月—1964 年 4 月底，任中国科学院原子能研究所铀同位素分离研究室（615 室）副主任。

1964 年 6 月 19 日—1965 年 4 月 9 日，任华北六〇五所北京分部副主任，兼第 1 研究室主任、大型气体扩散机总设计师。

1965 年 4 月 10 日—1967 年 12 月，任华北六〇五所副所长、大型气体扩散机总设计师。

1972 年 3 月 31 日，任华北六〇五所北京分部革委会副主任。

1972 年 10 月 20 日—1973 年 12 月底，任华北六〇五所副所长（当时叫革命委员会副主任）。

1974 年 1 月—1978 年 5 月，任华北第三研究院副院长（当时称革命委员会副主任），大型气体扩散机总设计师。

1978 年 6 月起，任二机部研究员，科学技术局总工程师。

1980 年 11 月，当选为中国科学院数学物理学部院士（当时称学部委员）。

1980 年—1989 年年底，担任中国核学会第一届、第二届常务理事。

1981 年 1 月—1985 年年底，任中国核学会铀同位素分离分会首届理事长。

1986 年初—1990 年年底，任中国核学会铀同位素分离分会名誉理事长。

1981 年—1994 年，任二机部科学技术委员会常委、高级顾问，兼清华大学工程物理系教授和大连工学院物理系教授。

1985 年，任国家“六五”重点科技攻关分离铀同位素一个项目专家组组长。

1986 年，任国家“七五”重点科技攻关分离铀同位素两个项目专家组组长。

1991 年—1994 年，任中国核学会铀同位素分离分会荣誉理事长。

1994 年 6 月 18 日，在北京逝世。

参考文献

[1] 高玉兰. 核科学家的足迹[M]. 北京: 原子能出版社, 1991.

[2] 王振乾. 文史资料选编第12辑[M]. 北京: 北京出版社, 1982.

[3] 黄雪梅, 陈祖甲. “隐姓埋名一辈子”——追忆我国铀同位素分离事业理论奠基人王承书[N]. 人民日报, 1994-824.

[4] 王承书. 我回家了[N]. 中国建设(China Recon-structs), 1958(7).

[5] 朱光亚. 怀念王承书同志[N]. 光明日报, 1994-8-2.

[6] 鄢斌. 王承书纪念文集[M]. 北京: 中国原子能出版社, 2022.

[7] 蒋心雄. 怀念王承书同志 学习王承书同志[N]. 光明日报, 1994-7-25.

[8] H. S. Tsien(钱学森) & R. Schamberg. Journ. of Acous. Soc. Am. 18(1946)334.

[9] 尹晓冬, 李睿. 巴伯奖学金与中国近代八位女物理博士[J]. 中国科技史杂志, 2016(3).

[10] 应纯同, 张存镇译. 气体运动论——王承书论文选集[M]. 北京: 原子能出版社, 1994.

［11］刘寄星. 两位中国女物理学家对非平衡统计物理学的重要贡献[J]. 物理, 2004(3).

［12］诸葛福，黄更生.记核科学家王承书[J]. 现代物理知识, 1993:5(1).

［13］王甘棠，孙汉城. 核世纪风云录[M].北京：科学出版社, 2006.

［14］孟戈非. 未被揭开的谜底[M]. 北京：社会科学文献出版社, 2002.

［15］席学武. 采访严世杰研究员笔记. 2019-3.

［16］席学武. 采访陈念念院士笔记. 2019-10.

［17］许文龙, 余秋莎, 张鹏. 张文裕：学成只为报效祖国的院士. 2020-3-18.http://www.hacdi.gov.cn/content/2020-03/18/content_6062186.htm

［18］吴征铠. 我的一生[M]. 北京：原子能出版社, 2006.

［19］陈韦恕等译.王承书审校. 同位素分离[M]. 北京：原子能出版社, 1983.

［20］钱皋韵. 王承书先生治学的教诲[N]. 中国核工业报, 2004-9-25.